Marco Bettner (Hrsg.)
Markus Betschelt, Alina Düringer,
Axel Düringer, Silke Petersen, Hardy Seifert,
Jörn E. von Specht

Digitaler Unterricht in der Grundschule

Einfache Umsetzung digital gestützter Lernmethoden mit Praxisbeispielen

Der Herausgeber

Marco Bettner ist Rektor als Ausbildungsleiter, Mathematik- und Informatiklehrer.

Die Autoren

Markus Betschelt hat Lehramt für Haupt- und Realschulen mit den Fächern Biologie, Chemie und Arbeitslehre studiert. Seit 2017 ist er Lehrer an der Adolf-Reichwein-Schule Friedberg und Fachbereichsleiter im Fach Biologie.

Alina Düringer ist an der Justus-Liebig-Universität Gießen.

Axel Düringer ist als Studienrat für die Fächer Englisch und Sport tätig.

Silke Petersen ist eine erfahrene Förderschullehrerin.

Dr. Hardy Seifert ist Rektor als Ausbildungsleiter für Mathematik am Studienseminar GHRF in Bad Vilbel, seit 2001 Lehrer für Mathematik, Physik und Informatik, zahlreiche Veröffentlichungen.

Jörn E. von Specht arbeitet als Förderschullehrer und Ausbilder am Studienseminar, u. a. für die Medienbildung mit dem Schwerpunkt, Didaktik und Methodik in hybriden Lernarchitekturen".

Gedruckt auf umweltbewusst gefertigtem, chlorfrei gebleichtem und alterungsbeständigem Papier.

1. Auflage 2021
© 2021 PERSEN Verlag, Hamburg
AAP Lehrerwelt GmbH
Alle Rechte vorbehalten.

Das Werk als Ganzes sowie in seinen Teilen unterliegt dem deutschen Urheberrecht. Der Erwerber des Werkes ist berechtigt, das Werk als Ganzes oder in seinen Teilen für den eigenen Gebrauch und den Einsatz im Unterricht zu nutzen. Die Nutzung ist nur für den genannten Zweck gestattet, nicht jedoch für einen weiteren kommerziellen Gebrauch, für die Weiterleitung an Dritte oder für die Veröffentlichung im Internet oder in Intranets. Eine über den genannten Zweck hinausgehende Nutzung bedarf in jedem Fall der vorherigen schriftlichen Zustimmung des Verlages.

Sind Internetadressen in diesem Werk angegeben, wurden diese vom Verlag sorgfältig geprüft. Da wir auf die externen Seiten weder inhaltliche noch gestalterische Einflussmöglichkeiten haben, können wir nicht garantieren, dass die Inhalte zu einem späteren Zeitpunkt noch dieselben sind wie zum Zeitpunkt der Drucklegung. Der PERSEN Verlag übernimmt deshalb keine Gewähr für die Aktualität und den Inhalt dieser Internetseiten oder solcher, die mit ihnen verlinkt sind, und schließt jegliche Haftung aus.

Covergrafik: © Ann in the uk – enterprise.shutterstock.com
Satz: Satzpunkt Ursula Ewert GmbH, Bayreuth

ISBN: 978-3-403-20830-3

www.persen.de

Inhaltsverzeichnis

Vorwort des Herausgebers 4

Beziehungsaufbau im Distanzunterricht 6
Marco Bettner

Urheberrecht 17
Hardy Seifert

Meine Daten und sichere Passwörter 25
Marco Bettner

Einsatz von kostenfreien Lern-Apps 31
Alina Düringer

Die WebQuest-Methode 41
Jörn E. von Specht

YouTube® im Unterricht 54
Axel Düringer

Erklärvideos im Unterricht 70
Hardy Seifert

Grundschulkinder erstellen Erklärvideos 80
Silke Petersen

Interaktive Übungen erstellen 87
Jörn E. von Specht

Arbeiten mit kollaborativen Webtools 102
Markus Betschelt

Videokonferenzen 114
Hardy Seifert

Interaktive Lernplattformen am Beispiel von Teams 121
Hardy Seifert

Bildnachweise 135

Digitales Zusatzmaterial:
Lösungsvorschläge zu einzelnen Arbeitsblättern

Vorwort des Herausgebers

Interaktive Übungen, Teams, Videoplattformen, Lernplattformen, Kahoot, Urheberrechte, Youtube-Kanäle, Übungs-Apps … Blicken Sie bei der Vielfalt an Angeboten und Anwendungsbedingungen eigentlich noch durch? Oder haben Sie sich bisher mit der Thematik des E-Learnings noch nicht oder nur in Teilen auseinandergesetzt, wollen das aber schnellstmöglich ändern? Dann sind Sie hier genau richtig. Im vorliegenden Buch versuchen wir, wichtige Tools, deren Bedienung und Umsetzungshinweise sowie konkrete Beispiele für den Unterricht vorzustellen und in einfachen, schnellen Schritten zu erläutern. Die praxiserfahrenen Autorinnen und Autoren benutzen die Tools in ihrem eigenen Unterricht und wollen deren Anwendung durch Screenshots, Checklisten und Arbeitsblatt-Vorlagen auf das Wesentliche fokussiert darstellen. In den Kapiteln werden die Einsatznotwendigkeiten und die Vorteile der einzelnen Werkzeuge präsentiert. Es wird auf deren Handhabung in der Praxis eingegangen und es werden didaktisch-methodische Hinweise gegeben.

Bedingt durch den Lockdown im Jahr 2020 ist das Wort *E-Learning* in aller Munde. Schade eigentlich, bietet diese Lernform – integriert ins hybride Lernen – doch eine gute und zusätzliche Chance, Wissen zu vermitteln und Kompetenzen bei den Schülerinnen und Schülern weiter auszubauen, auch außerhalb der Corona-Pandemie.

Was versteht man unter *E-Learning*?
Der Begriff steht abkürzend für *Electronic Learning*. Er umfasst alle Arten des Lernens, die durch digitale Medien unterstützt werden. E-Learning ist orts- und zeitunabhängig. Es kann den „normalen" Unterricht ergänzen und wird mit ihm im Zusammenspiel als *hybrides Lernen* bezeichnet. Im Vordergrund der Thematik steht allerdings nach wie vor der Mensch. Maschinen ersetzen keine Lehrkräfte. Kommunikation untereinander (Lernende – Lernende; Lehrkraft – Lernende) ist auf vielen Ebenen des E-Learnings nachdrücklich erwünscht und manchmal auch eine grundlegende Voraussetzung. Es wird also damit auch ein echter Kommunikationsanlass über Lerninhalte eröffnet.

Das Thema Beziehungsarbeit kommt im Kontext E-Learning eigentlich immer viel zu kurz oder gar nicht vor. Das muss nicht sein. Die Bedeutung der Beziehungsarbeit und konkrete Umsetzungsmöglichkeiten werden daher gleich im ersten Kapitel vorgestellt.

Was darf ich eigentlich veröffentlichen? Wie steht es um das Recht am eigenen Bild? Solche Fragen werden im Kapitel „Urheberrecht" beantwortet und Möglichkeiten eröffnet, wie Sie dieses Feld mit Grundschulkindern bearbeiten können.
Ein ähnliches Thema wird im Abschnitt „Meine Daten und sichere Passwörter" erläutert. Wie sichere Passwörter erstellt werden und wie Computersysteme auch komplexere Codes chiffrieren, wird hier thematisiert. Zudem wird auf den Datenschutz bei Whatsapp näher eingegangen.

Im Netz gibt es eine Fülle an Lern-Apps, die sich wirklich sinnvoll im Unterricht an Grundschulen einsetzen lassen. Diese Apps sollen im Abschnitt „Einsatz von kostenfreien Lern-Apps" vorgestellt werden.

Eine Vorstufe zur Internetnutzung und zu einer praktikablen Internetrecherche stellt die Methode des WebQuests dar. Hierzu gibt es vorgefertigte „Produkte" im Netz oder die Lehrkraft erstellt eigenständig WebQuests für ihre Klasse. Vorteil der Methode: Die Lernenden müssen sich nicht erst den richtigen Link in Suchmaschinen suchen, sondern die Internetseiten sind von der Lehr-

Vorwort des Herausgebers

kraft vorgegeben bzw. wurden vorher passend ausgesucht und mit sinnvollen Fragestellungen sowie schüleradäquaten Formulierungen versehen. Chancen und Möglichkeiten der Methode sowie beispielhafte Einsatzszenarien werden in diesem Beitrag aufgeführt und erläutert.

Die Frequentierung des Fernsehens hat bei Kindern und Jugendlichen deutlich abgenommen, während die Nutzung sozialer Medien stark an Bedeutung gewonnen hat. Für viele junge Menschen ist die Interaktion auf Plattformen mittlerweile so selbstverständlich wie für ältere Erwachsene, sich um 20 Uhr die Tagesschau anzusehen. An dieser Stelle kommt die Youtube-Plattform ins Spiel. Diese bietet neben vielen anderen Themen für den schulischen Sektor didaktisch interessante Videos. Weiterhin können selbst erstellte Videos auf dem eigenen Youtube-Kanal hochgeladen werden. Wie diese Seite aufgebaut ist, wie man sie bedienen kann und wie Sie die positive Einstellung der Kinder zu dieser Plattform effizient für Ihren Unterricht nutzen können, erfolgt im gleichnamigen Kapitel.

Erklärvideos kann man sich u.a. auf YouTube ansehen, sie können allerdings auch von Ihnen oder den Kindern in Ihrer Klasse eigenständig angefertigt werden. Mit diversen Apps bzw. mit diverser Software, z.B. PowerPoint, kann Ihre Lerngruppe relativ einfach einen Erklärfilm zu einer Unterrichtsthematik erstellen. Für Lernende ist diese Vorgehensweise sehr motivierend, sie ermöglicht ihnen zu lernen, sich auf wesentliche Inhalte zu fokussieren und schafft dadurch deutlich mehr Nachhaltigkeit bezüglich des Lernerfolges.

Sicher kennen Sie auch fertige interaktive Übungen aus dem Netz. Aufgabenformate, wie z.B. Lückentexte, Zuordnungen, Kreuzworträtsel usw. werden angeboten und der Benutzer bzw. die Benutzerin erhält Rückmeldung zur angedachten Lösung. Wollten Sie nicht immer schon einmal selbstständig eine solche Übung erstellen? Eine der meistgenutzten Plattformen ist die kostenlose Seite www.learningApps.org. Kinderleicht können von Ihnen schnell und effizient Übungen zu Ihrem Fach erstellt und von den Kindern bearbeitet werden. Ebenso können natürlich auch die Lernenden eigenständig interaktive Übungen produzieren.

Kommunikation und Zusammenarbeit kämen im Rahmen des E-Learnings oft zu kurz, behaupten Kritiker. Dies ist nach meiner Unterrichtserfahrung eigentlich nicht der Fall, wenn die Lehrkraft die Lernarrangements und die digitalen Tools sinnvoll in ein unterrichtliches Setting integriert. In besonderem Maße können im Zuge dessen sog. kollaborative Webtools benutzt werden. Als Beispiel seien an dieser Stelle „Edupad", „Padlet" und „Kahoot!" aufgeführt. Mit diesen Tools können u.a. digitale Pinnwände, die z.B. zum Brainstorming und Clustern verwendet werden können, erstellt werden. Mehrere Personen können parallel in Echtzeit in einem Dokument arbeiten oder Umfragen erstellen, die von anderen beantwortet werden. Außerdem wird eine statistische Auswertung dazu angeboten.

In den letzten beiden Kapiteln werden Ihnen Möglichkeiten eröffnet und praxisnahe Beispiele dargelegt, wie Sie mit Grundschulkindern eine Videokonferenz umsetzen können und wie Sie eine Lernplattform als Infrastruktur des Lernens verwenden können.

Viel Spaß beim Umsetzen der digitalen Tools im hybriden Unterricht wünscht Ihnen Ihr Herausgeber

Marco Bettner

Beziehungsaufbau im Distanzunterricht

Marco Bettner

Vorwort

Warum ist die Beziehungsarbeit im Distanzunterricht und im E-Learning-Format wichtig?

Das kennen Sie sicherlich auch: Es hat zum Unterrichtsbeginn geklingelt. Sie gehen über den Schulhof in Richtung des Klassenzimmers. Auf dem Pausenhof stehen und toben die Kinder. Auf Ihrem Weg nehmen Sie bereits ein, zwei Kinder mit und führen den ersten Plausch. „Wie war deine Mathearbeit?", „Wie war dein Wochenende?", „Wie hat deine Fußballmannschaft am Samstag gespielt?"… könnten alles Fragen sein, die Sie gemeinsam erörtern. Im Klassenzimmer angekommen, ist es zunächst laut. Sie sorgen für Ruhe, tauschen sich mit Ihren Schülerinnen und Schülern kurz über den Tag aus und beginnen dann mit fachspezifischen Inhalten.

Beziehungsarbeit bedeutet Kommunikationspflege zu beachten, ein lernförderliches Klima zu schaffen, Rückmeldungen zu involvieren und mit Unterrichtsritualen zu arbeiten. Dabei zeigt die Lehrkraft u.a. Interesse an den Tätigkeiten und Themen, die den Kindern wichtig sind. Das sind alles Gegebenheiten, die für die Beziehungsarbeit von immenser Bedeutung sind. Aber kommen diese Dinge im Distanzunterricht bzw. im E-Learning nicht zu kurz? Sind das nicht Abläufe, die wir in dieser Unterrichtsform stark vermissen? Dies konnten wir alle während der Coronapandemie selbst erfahren. Oft stehen im Distanzunterricht fachliche Dinge zu 100% im Fokus: Die Lehrkraft konzentriert sich auf das Wesentliche – und das ist für viele nun mal der fachliche Aspekt. Das E-Learning-Format und die Beziehungsarbeit scheinen im Widerspruch zu stehen. Aber das muss nicht sein. Beziehungsarbeit kann auch im E-Learning gepflegt werden. Erscheint es im Rahmen einer Videokonferenz mit Lernenden nicht wichtiger, gemeinsam ein Geburtstagslied zu singen, als sich ausschließlich mit Zahlen oder anderen fachlichen Gegebenheiten auseinanderzusetzen?

Warum ist die Pflege dieser Beziehungsarbeit in jedem Unterrichtsformat von unabdingbarer Bedeutung? Schon aus der Hattie-Studie wissen wir, dass für den Lernerfolg im Wesentlichen die Lehrkraft verantwortlich ist. Es wird u.a. empirisch belegt, dass neben den didaktischen und methodischen Kompetenzen der Lehrperson die Beziehung zu den Lernenden von zentraler Relevanz ist. Kinder sind keine Lernmaschinen. Das Nürnberger Trichtermodell zum Lernen ist aus guten Gründen längst Vergangenheit und wenn man bei den Lernenden etwas erreichen will, funktioniert dies nur über die Beziehungsebene. Diese stellt die Basis für jedes effektive Lernen dar. Kennen Sie noch die sog. „fachidiotische Lehrkraft"? Sie beherrscht den Stoff des Fachs perfekt und erreicht ca. 0% der Kinder. Ohne eine adäquate Beziehungsarbeit lassen sich Lernerfolge kaum oder gar nicht erzielen. Die Kompetenz, einen Lerngegenstand zu vermitteln, reicht alleine nicht aus. Schülerinnen und Schüler wollen gesehen werden, brauchen die Anerkennung, den Respekt und die Aufmerksamkeit der Lehrkraft. Wenn Kinder den Eindruck haben, dass sich eine Lehrkraft für sie interessiert und um sie kümmert, ist der Umgang im Unterricht deutlich unkomplizierter. Vermittlung findet also, sportlich betrachtet, immer über einen Doppelpass statt. Die beiden Spielenden sind die Lehrkraft-Lernende-Beziehung und die Lehrkraft bzw. der Inhaltsstoff. In der Schule geht es um Menschen. Schulisches Lernen findet daher stets auf einer Sach- und Beziehungsebene statt.

Für die Pflege der Beziehungsarbeit finden Sie im Folgenden zahlreiche Anregungen und ich hoffe, dass Sie bei der Umsetzung viel Spaß und Erfolg haben.

Umsetzungsideen

★ Morgenrituale in der Videokonferenz

Rituale sind wiederkehrende Elemente im Unterricht. I.d.R. beginnt der Unterricht mit einem Morgenritual. Dazu gehört z.B. die Begrüßung oder die Nachfrage bei den Schülerinnen und Schülern nach deren Befinden bzw. Erlebnissen vom Wochenende. Rituale geben Ihrer Lerngruppe Struktur, Sicherheit, Orientierung und fördern das Miteinander und die Beziehung zu Ihnen. Diese Rituale können in Teilen auch in das E-Learning involviert werden.

① Wie geht es euch?

Mit der Frage „Wie geht es euch?" zeigen Sie, dass Sie sich für Ihre Schülerinnen und Schüler interessieren.

Die Kinder können z.B. freiwillig mit einem Emoji im Chat der Videokonferenzsoftware antworten. Alternativ oder ergänzend könnten die Kinder auch verbal erläutern, wie es ihnen geht und ggf. erklären, warum es ihnen so geht.

② Was mir gerade im Kopf herumschwirrt

Die Schülerinnen und Schüler können vorab den Arbeitsauftrag bekommen, dass sie ihre aktuellen Gedanken und Gefühle darstellen sollen. Dazu können sie ihren eigenen Kopf fotografieren, Gedankenblasen hinzufügen und ihre Gedanken stichpunktartig hineinschreiben oder malen. Sie können alternativ auch einen beliebigen/abstrakten Kopf mit Gedankenblasen vorgeben um die Aufgabe zu vereinfachen.

In der Videokonferenz können die Schülerinnen und Schüler dann **freiwillig** ihr erstelltes Bild zeigen und gerne auch erläutern.

③ Schülerinnen und Schüler in ihrer Herkunftssprache begrüßen

Schülerinnen und Schüler anderer Herkunft können sich wertgeschätzt fühlen, wenn Sie sie in ihrer Muttersprache begrüßen. Das könnte auch für die Mitschülerinnen und Mitschüler interessant und abwechslungsreich sein.

Mit Übersetzungsprogrammen wie dem Google® Translator (https://translate.google.de/) lassen sich nahezu alle Begrüßungssätze in die jeweilige Zielsprache übersetzen.

Umsetzungsideen

★ Spiele

Der Einsatz von Spielen ist eine gute Gelegenheit, um an der Beziehung zu den Kindern zu arbeiten. Im gemeinsamen Spiel wird zusammen gelacht, sich geärgert, sich näher kennengelernt und Spannung sowie gleichzeitig Entspannung erzeugt. Die gesamte Klasse arbeitet nicht in der klassischen Lernsituation, sondern kann deutlich entspannter und mit weniger Druck zusammen agieren. Spiele können an dieser Stelle auch im E-Learning-Bereich sinnvoll integriert werden. Nachfolgend werden einige Beispiele für Spiele aufgezeigt.

① Quiz-Show

Mithilfe von Kahoot! (https://kahoot.it/) und Quizlet (https://quizlet.com/de) können Sie Quizfragen kostenfrei mit den jeweiligen Apps bzw. der browserbasierten Anwendung erstellen. Es wird ein spielerischer Wettbewerb erzeugt. Die Schülerinnen und Schüler können aus der Ferne die Fragen beantworten, erhalten eine Rückmeldung und die Lehrkraft kann sich eine entsprechende Auswertung ansehen. Inhaltlich können diese beiden Tools sowohl zum Lernen von fachlichen Fragestellungen als auch von Inhalten, die das intensivere Kennenlernen ermöglichen bzw. vertiefen, eingesetzt werden.

② Lieferservice

Spaß, Wettbewerb und körperliche Bewegung werden durch das „Lieferservice-Spiel" in Ihren digitalen Unterricht bzw. in die Videokonferenz integriert. Die Lehrkraft gibt Anweisung über die Eigenschaften von beispielsweise drei Gegenständen, die die Lernenden in ihrem Haus suchen und vor die Kamera halten sollen. Wer zuerst die Gegenstände in die Kamera hält, hat gewonnen. Das könnten z. B. drei Gegenstände sein, die eine vorgegebene gleiche Farbe haben, mit dem gleichen Buchstaben beginnen oder zu einem gemeinsamen Themengebiet (z. B. Sport) gehören.

③ Mini-Yoga – Wir erstellen eine gemeinsame Kür

Das Spiel „Mini-Yoga" kann ebenso wie „Lieferservice" innerhalb einer Videokonferenz für Bewegung, Spaß und Steigerung der Merkfähigkeit sorgen. Es basiert auf der Grundphilosophie des Spiels „Ich packe meinen Koffer". Das erste Kind macht eine einfache Bewegung vor der Webcam vor. Das zweite Kind macht diese Bewegung nach und fügt eine weitere einfache Bewegung hinzu. Zum Schluss entsteht eine gemeinsame Klassen-Choreografie.

④ Wie wurde der Ton erzeugt?

Im Rahmen einer Videokonferenz stellt ein Schüler bzw. eine Schülerin die eigene Webcam aus, das Mikrophon bleibt dabei an. Mithilfe eines oder mehrerer Gegenstände erzeugt er bzw. sie einen oder mehrere Töne (z. B. ein Kugelschreiber-Klicken). Die anderen Mitglieder der Lerngruppe müssen den Gegenstand erraten, mit dem der Ton erzeugt wurde.

Umsetzungsideen

⑤ Die Klasse deckt sich auf

Das Spiel eignet sich innerhalb einer Videokonferenz als Morgenritual, zum Kennenlernen oder auch einfach nur zum Spaß haben. Alle Schülerinnen und Schüler decken dazu mit einem farbigen Klebezettel (ggf. mit etwas Abstand) oder einer Folie ihre Kamera ab. Dadurch entsteht schon ein buntes und i. d. R. immer anderes Muster. Die Lehrkraft trifft anschließend verschiedene Aussagen und jede Person, auf die die jeweilige Aussage zutrifft, deckt ihre Kamera wieder auf. Dies wird solange durchlaufen, bis alle Kacheln aufgedeckt sind.

Mögliche Fragen können sein:

- Wer hat braune Haare?
- Wer ist gestern Abend spät ins Bett gegangen?
- Wer hat gestern kein Fleisch gegessen?
- ...

★ Mein toller Mitschüler/meine tolle Mitschülerin

Warum sich nicht einfach mal gegenseitig eine warme Dusche geben und positive Komplimente verteilen? Oft konzentriert man sich auf negative Eigenschaften des Gegenübers oder kritisiert ihn, weil man sich über Verhaltensweisen oder über das Gesagte geärgert hat. Jetzt mal umgekehrt: Alles raus, was der Wahrheit entspricht und einen positiven Charakter hat!

Die Lehrkraft teilt dazu die Klasse in Pärchen ein (alternativ können sich die Pärchen auch selbst suchen). Jede Gruppe erhält den Arbeitsauftrag, eine Nachricht (z. B. per E-Mail) an den Mitschüler bzw. die Mitschülerin zu schreiben, in der formuliert wird, was er bzw. sie an der anderen Person schätzt. Ggf. kann der Inhalt der E-Mails in einer Videokonferenz der Lerngruppe vorgelesen werden. Die Lehrkraft sollte den Inhalt aber vorab lesen.

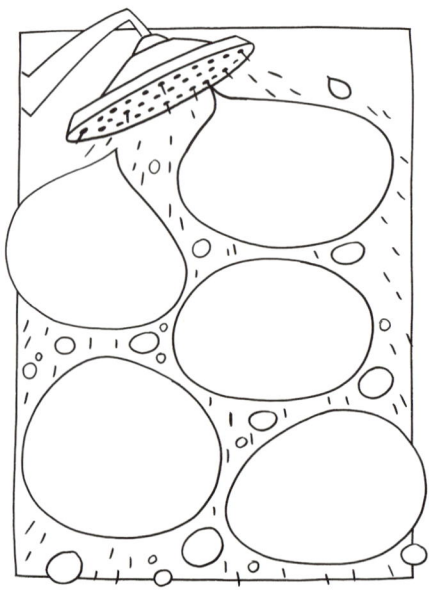

Folgende Leitfragen bzw. Anweisungen können zielführend sein:

- Was findest du an deinem Mitschüler/an deiner Mitschülerin gut?
- Warum bist du gerne mit deinem Mitschüler/mit deiner Mitschülerin zusammen?
- Was kann er/sie besonders gut?
- Was für tolle Erlebnisse hattest du mit deinem Mitschüler/mit deiner Mitschülerin?

Umsetzungsideen

★ Mehr von den einzelnen Schülerinnen und Schülern erfahren

Beziehungsarbeit wird zwischen den Lernenden sowie zwischen Lerngruppe und Lehrkraft u. a. durch Interesse und Austausch intensiviert, beispielsweise durch Erfragen von Lieblingsliedern, -serien, -filmen oder -büchern. Das sind Themen, die die Schülerinnen und Schüler bewegen. Zeigen Sie ihnen, dass Sie Interesse daran haben. Dies führt gleichzeitig auch zu einer praktizierten Wertschätzung.

Folgende Arbeitsaufträge können zielführend sein:

- Worum geht es genau in deinem Lieblingsbuch, Film …?
- Warum gefällt dir dieses Buch, diese Serie …?
- Was ist das Besondere an deiner Lieblingsband …?

Die Ergebnisse können u. a. wie folgt dokumentiert werden:

- Erstelle eine Wordvorlage mit passenden Bildern und Beschreibungen.
- Fertige einen Audiopodcast an.
- Erstelle einen Stop-Motion-Film. Stelle ihn in einer Videokonferenz vor.
- …

★ Die Klasse zu einer Challenge anregen[1]

Orte des Miteinanders zu schaffen, ist eine Möglichkeit, um die Beziehungsarbeit untereinander zu verbessern. Die Schülerinnen und Schüler können sich als Teil einer Gemeinschaft fühlen. Die Challenge kann z. B. in kommunikativer Partnerarbeit durchgeführt werden, um die Herausforderung gemeinsam zu meistern. Dabei können Erfahrungen und Ergebnisse ausgetauscht werden.

Beispiele für eine Challenge könnten sein:

- Wasser sparen
- Mitschüler und Mitschülerinnen anrufen, um Komplimente zu machen
- Gesunde Ernährung
- Sport-/Fitnessprogramm
- …

Die Schülerinnen und Schüler können ihre Ergebnisse und Erfahrungen

- in einer Videokonferenz erläutern.
- in einem Stop-Motion-Film darstellen.
- …

---

[1] Vgl. hierzu auch Reflexionsblatt zur Challenge für Schülerinnen und Schüler.

Umsetzungsideen

Folgende Leitfragen bzw. Arbeitsaufträge können hilfreich sein:
- Was möchtest du in deiner Challenge machen?
- Warum möchtest du diese Challenge durchführen? Was erhoffst du dir davon?
- Hattest du Probleme während der Challenge?
- Am Ende der Challenge: Was habt ihr erreicht?

★ Den Arbeitsplatz in der Videokonferenz individuell gestalten

An seinem Arbeitsplatz soll man sich wohlfühlen. Im „normalen" Unterricht wird durchaus viel Wert auf die Klassenraumgestaltung gelegt, weil man weiß, dass sie u. a. für eine positive Atmosphäre, Lernerfolg und für den pädagogischen Prozess verantwortlich ist. Als digitale Alternative kann man beispielsweise bei zahlreichen Videokonferenztools den Hintergrund auswählen bzw. diverse Hintergrundbilder hochladen.

Impulse für eine (Hintergrund-)Bild-Wahl:
- Wo möchtest du gerne deinen nächsten Urlaub verbringen?
- Welcher Farbton wirkt beruhigend auf dich?
- In welcher Atmosphäre kannst du dich gut konzentrieren?
- ...

★ Feedbackmethoden für den eigenen Unterricht

Demonstrieren Sie Ihren Schülerinnen und Schülern, dass Sie Wert auf ihre Meinung zur Unterrichtsverbesserung legen – gerade auch im E-Learning-Format. Wenn sich die Lerngruppe ernst genommen fühlt und die Lernenden merken, dass Sie den Unterricht auf deren Bedürfnisse abstimmen, führt dies zu einer höheren Unterrichtsmotivation und dadurch zu einem größeren Lernerfolg.

Für Feedbackmethoden existieren zahlreiche kostenfreie und nützliche Apps bzw. webbasierte Onlinetools. Hier eine kleine Auswahl:

① Mentimeter

Eine Möglichkeit ist, die App „Mentimeter" bzw. die Internetseite www.mentimeter.com auszuwählen. Die Anwendung ist kostenfrei und kann trotz englischer Sprache sehr leicht erstellt werden. Selbstverständlich können Sie sämtliche Fragen und Antwortmöglichkeiten auf Deutsch eingeben. Nach der Anmeldung werden von Ihnen verschiedene Fragen kreiert. Die Auswertungsform (unterschiedliche Diagramme) kann ausgewählt werden und am Ende wird ein Code erzeugt. Wenn Sie diesen Code an Ihre Klasse weitergeben, können alle an der Umfrage teilnehmen und in Echtzeit das aktuelle Abstimmungsergebnis sehen. Die App eignet sich im Wesentlichen für Schülerinnen und Schüler ab Klasse 4.

Umsetzungsideen

② **Oncoo**

Ohne Registrierung können Sie mithilfe von Oncoo u. a. eine Zielscheibenabfrage für Ihren Unterricht erstellen. „Oncoo" bedeutet „Online Cooperation".

Nach Eingabe der Internetadresse www.oncoo.de drücken Sie auf den gelben Kreis, um eine eigene Abfrage zu erstellen.

Anschließend wählen Sie das Zielscheibenformat ganz rechts aus.

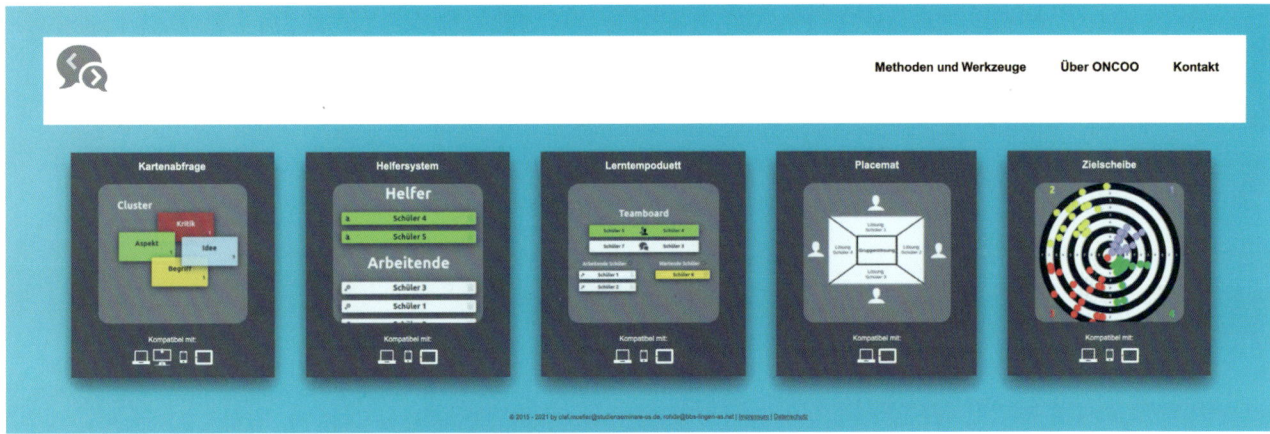

Nun geben Sie die gewünschten Beurteilungsaspekte ein.

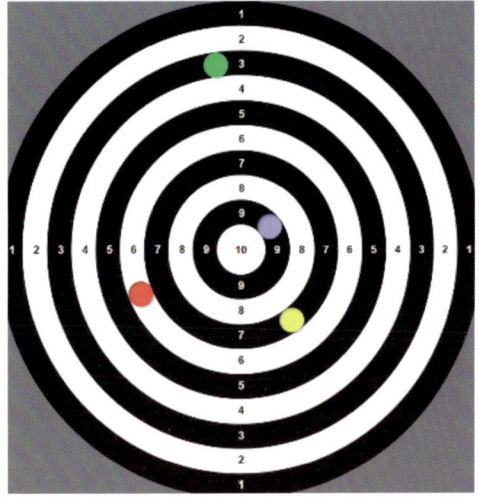

Umsetzungsideen

Das System generiert im Anschluss einen Code und gibt eine spezielle Internetadresse an. Diese beiden Daten geben Sie an Ihre Klasse weiter, um die Umfrage durchzuführen.

③ **Padlet**

Um einzelne Beurteilungsaspekte genauer von den Schülerinnen und Schülern kommentieren zu lassen, können Sie auch ein Padlet erstellen (https://de.padlet.com/).

★ Digitale Escape-Rooms

Escape-Rooms sind eine motivierende Spielform. Die Teilnehmenden sind in einem Raum eingeschlossen und müssen durch das Lösen diverser Rätsel einzelne Schlösser und Türen öffnen, um den Raum letztendlich verlassen zu können.

I. d. R. beginnt der Escape-Room mit einer spannenden Einstiegsgeschichte, in der das Problemszenario aufgezeigt wird. Die erste Aufgabe wird gestellt und aus deren Lösung lässt sich ein Code generieren (z. B. ein Zahlencode). Mit dessen Hilfe wird das Schloss einer Kiste geöffnet, die eine weitere Aufgabe enthält usw. Der Code der finalen Aufgabe öffnet den Raum bzw. beendet die Suche.

Meist sind die einzelnen Aufgaben bzw. Rätsel nicht sofort lösbar. Es bedarf einer intensiven Absprache in der Gruppe. An dieser Stelle wird also ein kommunikationsstiftender Anlass geboten. Die Lernenden müssen ins Gespräch gehen. Durch das erfolgreiche Lösen der einzelnen Rätsel und des damit verbundenen Tür- bzw. Schlossöffnens werden Erfolgserlebnisse initiiert, die auf das Gruppengefüge und damit auch auf die sozialen Beziehungen der Gruppe positive Effekte haben.

Diese Spielform kann auch im digitalen Format umgesetzt werden. Dazu finden sich viele (teils kostenfreie) Angebote im Netz. Da sich diese Angebote aber in den wenigsten Fällen 1:1 auf die eigene Lerngruppe übertragen lassen, empfiehlt es sich, nach Möglichkeit selbst einen Escape-Room anzufertigen. Im digitalen Format wird ebenfalls mit einer motivierenden Einstiegsgeschichte begonnen. Anschließend erhält die Gruppe eine erste Aufgabe als kennwortfreie PDF- oder Worddatei, die in einer Cloud gespeichert wurde (alternativ, und für die Lernenden sicherlich leichter umsetzbar, können alle Dateien vorab auch von der Lehrkraft an die Schülerinnen und Schüler gemailt werden). Der erste Aufgabentext muss so konzipiert sein, dass ein Lösungscode von der Gruppe (in Form von Buchstaben und/oder Zahlen) generiert werden muss (Beispiel: s. Abb. rechts).

> **Aufgabe 1:**
>
> Trage das Gewicht der einzelnen Figuren unten ein. Die gelben Ziffern ergeben von links nach rechts gelesen einen dreistelligen Zahlencode. 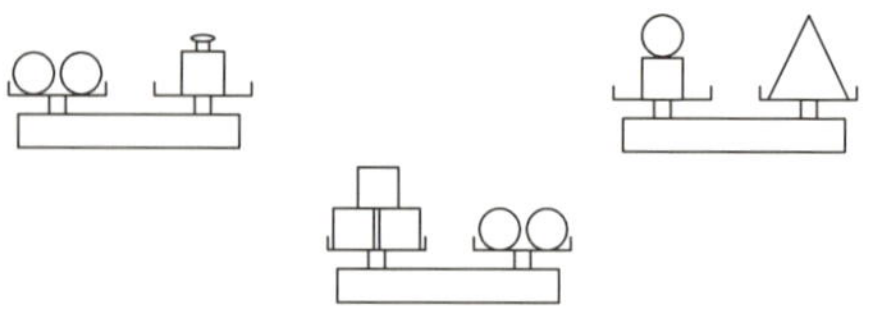
>
>
>
> Trage das Gewicht der einzelnen Figuren ein. 
>
> ☐ _ _ _   △ _ _ _   ◯ _ _ _
>
> Quadrat = 100 g; Dreieck = 250 g; Kreis = 150 g
> Code = 051

Dieser Code ist das Passwort für die zweite Datei (bzw. 2. Aufgabe), um diese zu öffnen usw. Alternativ oder ergänzend können die einzelnen Aufgabendateien mit einem QR-Code® versehen werden, der direkt zur nächsten Datei führt und die man öffnen kann, wenn das richtige Kennwort eingegeben wurde.

Umsetzungsideen

Die folgende Grafik verdeutlicht den schematischen Aufbau eines digitalen Escape-Rooms.

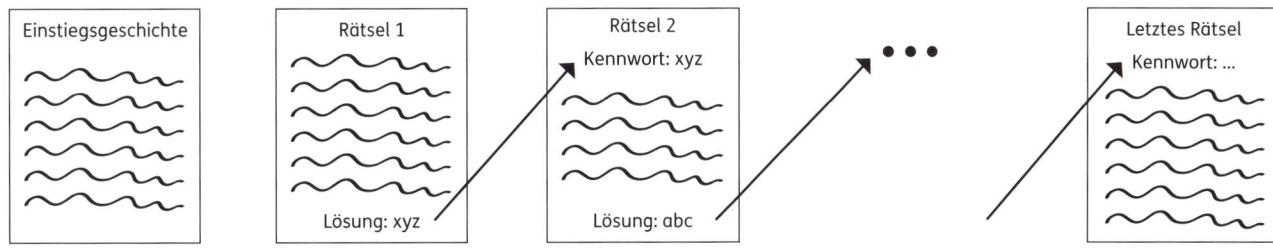

★ Und zum Schluss einen donnernden Applaus

Was kann es Schöneres geben, als am Ende eines Vortrages, einer Erläuterung oder einer Sitzung einen donnernden Applaus zu bekommen? Auf jeden Fall ist es eine gute Möglichkeit, um die Qualität des Gesagten zu beurteilen und wertschätzend miteinander umzugehen. In diesem Zusammenhang kann die Kraft des digitalen Mediums in Form einer Videokonferenz optisch beeindruckend genutzt werden. Nachfolgend werden Umsetzungsbeispiele für zwei Applausarten angeführt.

① Wir klatschen uns ab

Hierzu wird der Kachelnachbar bzw. die Kachelnachbarin in der Videokonferenz abgeklatscht.

② Wir wedeln zum Schluss mit den Händen und Fingern

Alle Schülerinnen und Schüler heben zum Schluss die Hände auf Schulterhöhe und wedeln mit diesen und den Fingern in die Kamera. Dadurch entsteht ein lustiges Gesamtbild auf dem Monitor.

Reflexionsblatt „Die Klasse zu einer Challenge anregen"

Unsere/Meine Challenge-Reflexion

Das Thema der Challenge war:

So lange hat die Challenge gedauert:

☐ 1 Tag ☐ Das Schuljahr: _____

☐ 1 Woche ☐ Sonstiges: _____

☐ 1 Monat

So gut konnte ich/konnten wir die Challenge umsetzen. Kreuze an und schreibe:

☐ Es fiel mir/uns leicht, da …

_____

_____

☐ Es hat ganz gut geklappt, aber ich/wir hatte(n) noch folgende Schwierigkeiten:

_____

_____

Durch die Challenge ist mir Folgendes klar geworden:

_____

_____

_____

Das möchte ich nach der Challenge noch weitermachen:

_____

_____

_____

Urheberrecht

Hardy Seifert

Vorwort

Lehrkräfte haben in den letzten Jahren neben analogen verstärkt auch digitale Kopien in ihrem Unterricht genutzt. In der Corona-Krise hat sich dieser Trend noch verstärkt. Wenn wegen Corona-Infektionen ganze Schulen schließen oder einzelne Klassen zu Hause bleiben mussten, wurden nur vereinzelt analoge Kopien verteilt. Die effektivste Weise, um Unterrichtsmaterialien im Distanzunterricht an die Klassen auszugeben und Ergebnisse von Lernenden einzusammeln, ist schließlich der digitale Weg. Unabhängig davon, ob der Austausch analog organisiert ist oder ob die Schulen den Lernenden Unterrichtsmaterial über E-Mail bzw. über eine Lernplattform zur Verfügung stellen, müssen Schulen und Lehrkräfte vorab die Frage klären, welche Materialien überhaupt verteilt werden dürfen. In diesem Beitrag werden wichtige Fragen und Fakten zum Umgang mit dem Urheberrecht an Schulen beleuchtet.

Die wichtigsten Fakten zum Urheberrecht in Schulen

Werkarten und Schöpfungshöhe

In Deutschland sind sog. „Werke" der Literatur, der Kunst, aber auch der Wissenschaft durch das Gesetz über Urheberrecht und verwandte Schutzrechte geschützt. Das Gesetz unterscheidet in §2 UrhG verschiedene „Werkarten":

1. **Sprachwerke**, wie z.B. Romane, Liedtexte, Reden, Computerprogramme, Schulbücher, Arbeitsblätter …
2. **Werke der Musik**
3. **Pantomimische Werke einschließlich Werke der Tanzkunst**
4. **Werke der bildenden Künste**, wie z.B. Gemälde, Skulpturen, Gebäude …
5. **Lichtbildwerke**, wie z.B. Fotografien
6. **Filmwerke**, wie z.B. Kinofilme, Videos, Erklärvideos …
7. **Darstellung wissenschaftlicher oder technischer Art**, wie z.B. technische Zeichnungen und Pläne, Skizzen, Tabellen, plastische Darstellungen …

Dabei ist zu beachten, dass nicht jeder Text, jeder Schnappschuss, jedes Video, jedes Gebäude oder jede technische Zeichnung als schützenswertes Werk im Sinne des Urheberrechts gilt. Das Urheberrecht verlangt eine eigene geistige Schöpfung des Urhebers (§2 Absatz 2: „Werke im Sinne dieses Gesetzes sind nur persönliche geistige Schöpfungen."). Inwieweit diese sog. „Schöpfungshöhe" bei einzelnen Werken erreicht ist, muss im Streitfall vor Gericht geklärt werden. Die Ansprüche an die Schöpfungshöhe werden von den Gerichten aber nicht sehr hoch angesetzt, sodass man davon ausgehen kann, dass z.B. von Lehrkräften erstellte Arbeitsblätter oder Mappen sehr oft als Sprachwerke anerkannt werden und somit durch das Urheberrecht geschützt sind.

Persönlichkeits- und Verwertungsrechte

Die Persönlichkeitsrechte des Urhebers werden in §12 bis §14 des Urheberrechtsgesetzes geregelt:
- Veröffentlichungsrecht, d.h. nur der Urheber hat das Recht, sein Werk zu veröffentlichen;
- Anerkennung der Urheberschaft, d.h. der Urheber muss namentlich genannt werden;
- Verbot der Entstellung des Werkes.

Die Verwertungsrechte des Urhebers werden in §16 bis §24 geregelt:

- §16 UrhG: das Vervielfältigungsrecht;
- §19 UrhG: das Vortrags-, Aufführungs-, Vorführungsrecht;
- §19a UrhG: das Recht der öffentlichen Zugänglichmachung;
- §23 UrhG: das Bearbeitungsrecht.

Die wichtigsten Fakten zum Urheberrecht in Schulen

Dauer des Urheberrechts

Das Urheberrecht erlischt für alle Werke 70 Jahre nach dem Tod des Urhebers. Danach kann das Werk i. d. R. frei genutzt werden und somit z. B. das Buch eines Autors oder einer Autorin komplett für den Unterricht kopiert werden.

Für Lichtbilder gilt nur ein Schutz von 50 Jahren. Sie unterscheiden sich von Lichtbildwerken durch die „Gestaltungshöhe", d. h. das schöpferische Handeln, wie etwa die Auswahl des Ortes, der Kamera, des Lichts oder sonstiger Gestaltungselemente. Schnappschüsse sind beispielsweise eher als Lichtbilder einzuschätzen und genießen somit nicht den vollen Schutz des Urheberrechts.

Schranken des Urheberrechts und der Gesamtvertrag Vervielfältigung an Schulen

Um einen Ausgleich zwischen den Interessen der Urheber und der Allgemeinheit zu schaffen, hat der Gesetzgeber die sog. „Schranke" (§§44a bis 63a UrhG) eingeführt. Für den Unterricht besonders interessant ist der §60a:

- Absatz 1 lautet: „Zur Veranschaulichung des Unterrichts und der Lehre an Bildungseinrichtungen dürfen zu nicht kommerziellen Zwecken bis zu 15 Prozent eines veröffentlichten Werkes vervielfältigt, verbreitet, öffentlich zugänglich gemacht und in sonstiger Weise öffentlich wiedergegeben werden".
- Allerdings verbietet Absatz 3 Satz 2 die „Vervielfältigung, Verbreitung und öffentliche Wiedergabe eines Werkes, das ausschließlich für den Unterricht an Schulen geeignet, bestimmt und entsprechend gekennzeichnet ist, an Schulen …".

Somit kann also eine Lehrkraft 15 % eines Werkes, welches nicht direkt für den Unterricht bestimmt ist, analog und digital kopieren und im Unterricht nutzen.

Damit Lehrkräfte auch Teile aus Werken, die ausschließlich für den Unterricht an Schulen erstellt wurden, kopieren können, haben die Länder im Januar 2019 mit den Rechteinhabern den „Gesamtvertrag Vervielfältigungen an Schule" geschlossen. Darin ist genau festgelegt, dass **15 % eines Werkes (aber maximal 20 Seiten) pro Schuljahr und pro Klasse** analog oder digital kopiert werden dürfen.

Damit sind analoge oder digitale Kopien auch aus Schulbüchern, die 2005[1] oder später erschienen sind, möglich. Die digitalen Kopien dürfen zudem per E-Mail verschickt und auf einem Schulserver gespeichert werden. Die Speicherung muss allerdings so erfolgen, dass nur die Lehrkraft und die jeweiligen Lernenden Zugriff auf das Dokument haben (z. B. durch ein Kennwort). Zudem ist es erlaubt, Werke geringen Umfangs vollständig zu kopieren. Solche Werke sind:

- einzelne Pressebeiträge,
- Musikeditionen mit maximal 6 Seiten,
- sonstige Schriften (außer Schulbücher und Unterrichtsmaterial) mit maximal 20 Seiten,
- alle Bilder, Fotos und sonstige Abbildungen sowie
- vergriffene Werke (außer Schulbücher und Unterrichtsmaterial).

---

[1] Die Verlage haben oft selbst keine Rechte für die digitale Verwertung von Werken vor 2005.

Die wichtigsten Fakten zum Urheberrecht in Schulen

Des Weiteren ist zu beachten:
- Die Quelle muss auf jeder (analogen oder digitalen) Kopie angegeben werden.
- Für digitale Medien (PDF-Dateien, Software, digitale Arbeitshefte, DVDs …) müssen die jeweiligen Lizenzbedingungen geprüft werden.

Was ist erlaubt und was nicht?

Lehrkräfte dürfen:

 Werke (Texte, Noten, Filme, Videos, Bilder, Musik, Arbeitsblätter …) nutzen, deren Schöpfer oder Schöpferin vor über 70 Jahren gestorben ist;

 Filme, die von Landesbildstellen/Medienzentren ausgeliehen wurden, in der Klasse vorführen;

 Filmbeiträge, die kürzer als fünf Minuten sind, in der Klasse vorführen;

 Musikstücke, die nicht länger als fünf Minuten sind, im Unterricht abspielen;

 vergriffene Werke vollständig für den Unterricht kopieren;

 für ihre Klasse pro Schuljahr 15 % aus Printmedien kopieren und der Klasse zur Verfügung stellen;

 einzelne Artikel aus Fachzeitschriften kopieren;

 Lernenden erlauben, Fotos von urheberrechtlich geschützten Werken in ihren Referaten zu nutzen. Die Quellen müssen aber jeweils angegeben werden;

 bestimmen, wer die von der Lehrkraft erstellten Unterlagen (z. B. Arbeitsblätter, Mappen, Bilder …) weiter nutzen darf. Die Lehrkraft hat das Urheberrecht;

 Werke geringen Umfangs kopieren;

 eine sechsseitige Edition mit Noten kopieren;

 Bilder und Fotos aus dem Internet herunterladen;

 Screenshots von Seiten im Internet machen und diese im Unterricht nutzen;

 Pressebeiträge kopieren;

 ein Buch mit 20 Seiten kopieren, falls es sich nicht um ein Schulbuch handelt;

 eine Seite aus einem Schulbuch, das 2005 oder später erschienen ist, einscannen und auf einem USB-Stick speichern;

 eine Seite aus einem Schulbuch, das 2005 oder später erschienen ist, einscannen und dann in Klassenstärke ausdrucken und an die Klasse verteilen;

 20 PDF-Seiten eines Werkes im Internet herunterladen und diese im Unterricht nutzen, falls es insgesamt mindestens 134 Seiten hat und es sich nicht um digitale Lehrwerke handelt;

 3 Seiten aus einem Arbeitsheft mit insgesamt 24 Seiten kopieren;

 ein Lied mit Noten vollständig kopieren.

 *Die wichtigsten Fakten zum Urheberrecht in Schulen*

Lehrkräfte dürfen nicht:

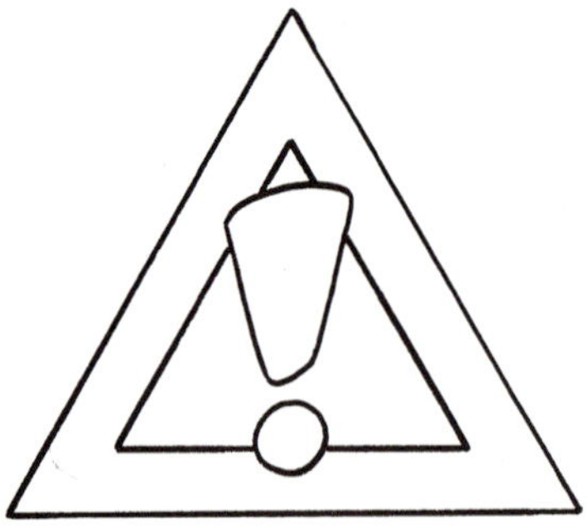

- Zeitungskopien für den Unterricht anfertigen;
- mehr als 15 % eines Buches für ihren Kurs kopieren;
- Werke von Lernenden ohne Zustimmung, z. B. für die Pressarbeit der Schule, nutzen. Bei Minderjährigen ist sowohl eine Genehmigung des Kindes als auch der Eltern notwendig;
- den Kindern erlauben, aktuelle Musik auf dem Schulfest einzusetzen. Das Schulfest gilt i. d. R. als öffentliche Veranstaltung, weshalb das Urheberrecht im vollen Umfang greift;
- Zeitungsartikel auf die Homepage der Schule ohne Rücksprache mit dem Zeitungsverlag stellen;
- Seiten aus dem Internet herunterladen und diese im Unterricht nutzen, falls es sich um digitale Lehrwerke, Unterrichtsmaterialien oder Musikeditionen handelt;
- Schulbücher aus dem Ausland vollständig kopieren;
- aus einem erworbenen Arbeitsheft mit Kopiervorlagen Kopien für andere Lehrkräfte erstellen.

Das Recht am eigenen Bild

Viele Kinder machen mit dem Handy täglich Fotos von Personen, ohne sich über die rechtlichen Fragen Gedanken zu machen. Das „Gesetz betreffend das Urheberrecht an Werken der bildenden Künste und der Photographie" regelt die Details, die z. B. auf der Seite von klicksafe[2] oder dem hessischen Jugendmedienschutz[3] für Lernende verständlich erklärt sind. Nach einer Internetrecherche kann das erworbene Wissen beispielsweise mit einem Fragebogen abgefragt werden (siehe Arbeitsblatt).

---

[2] https://www.klicksafe.de/themen/datenschutz/privatsphaere/datenschutz-broschuere-fuer-eltern-und-paedagogen/das-recht-am-eigenen-bild/

[3] https://jugendmedienschutz.bildung.hessen.de/lehrer/Unterrichtsmaterialien_Downloads/Unterrichtseinheiten/Faltblatt_Recht_am_eigenen_Bild.pdf

Literatur und Links

Weitere Informationen und Tipps rund um das Urheberrecht findet man hier:

- Gesetz über Urheberrecht und verwandte Schutzrechte: https://www.gesetze-im-internet.de/urhg/
- Gesamtvertrag Vervielfältigungen an Schule: http://www.schulbuchkopie.de/downloads/Vertrag_Fotokopieren-an-Schulen.pdf
- Urheberrecht.de: https://www.urheberrecht.de/recht-am-eigenen-bild/#:~:text=Das%20Recht%20am%20eigenen%20Bild%20gibt%20den%20auf%20Bildnissen%20abgebildeten,samt%20Unterlassungserkl%C3%A4rung%20nach%20sich%20ziehen
- Lehrerfortbildung Baden-Württemberg: https://lehrerfortbildung-bw.de/st_recht/urheber/urh/urh-allgemein-v20190201.pdf
- Urheberrecht in der Schule, BMBF: https://www.bmbf.de/upload_filestore/pub/Urheberrecht_in_der_Schule.pdf
- Deutsches Schulportal: https://deutsches-schulportal.de/unterricht/quiz-wie-gut-ist-ihr-wissen-zum-urheberrecht/
- Geschichte des Urheberrechts: https://www.bpb.de/gesellschaft/medien-und-sport/urheberrecht/169977/geschichte-des-urheberrechts#:~:text=Gleich%20zu%20Beginn%20des%2020,Grundz%C3%BCgen%20bis%20heute%20Bestand%20hat
- Screenshots: https://open-educational-resources.de/screenshots-richtig-nutzen/

Arbeitsblatt

Kreuze die richtigen Aussagen zusammen mit deinen Eltern an.

1. Deine Mitschüler/-innen haben dir erlaubt, Fotos für ein Kunstprojekt zu machen? Darfst du die Fotos per E-Mail an Freunde verschicken?	
a) Ja.	☐
b) Ja, wenn es gute Fotos sind.	☐
c) Ja, wenn es nur ein Freund oder eine Freundin ist.	☐
d) Nein.	☐
2. Das Kunstprojekt mit den Fotos deiner Mitschüler/-innen ist gut gelungen. Deine Lehrerin schlägt vor, das Projekt auf der Schulhomepage zu veröffentlichen. Was ist zu beachten?	
a) Die Mitschüler/-innen müssen ihre Zustimmung (möglichst schriftlich) geben.	☐
b) Nur ich muss meine Zustimmung für die Veröffentlichung geben.	☐
c) Die Lehrerin kann ohne meine Zustimmung das Projekt veröffentlichen.	☐
d) Ich muss meine Zustimmung (möglichst schriftlich) geben.	☐
3. Einige der Fotos hast du während der Pause auf dem Schulhof gemacht, d. h. es sind noch weitere Personen im Hintergrund zu sehen. Ist das ein Problem?	
a) Nein. Die Personen sind ja nur kleine im Hintergrund abgebildet.	☐
b) Nein, falls es nicht mehr als 6 weitere Personen sind.	☐
c) Ja. Ich muss auch diese Personen (möglichst schriftlich) um Erlaubnis fragen.	☐
d) Ja, wenn es mehr als 20 weitere Personen sind.	☐
4. Eines der Fotos zeigt einen Mitschüler in einer peinlichen Situation. Was könnte passiere, wenn du das Foto veröffentlichst?	
a) Nichts, da er die Erlaubnis zum Fotografieren gegeben hat.	☐
b) Der Schüler könnte mich auf Schmerzensgeld verklagen, da es eine Straftat ist, peinliche oder beleidigende Fotos und Videos von anderen Personen zu veröffentlichen.	☐
5. Von einer Mitschülerin hast du ein gutes Foto auf ihrer Homepage gefunden. Darfst du das Foto herunterladen und in deinem Projekt nutzen?	
a) Ja, da das Foto im Internet veröffentlicht wurde.	☐
b) Ja, wenn ich die Homepage als Quelle angebe.	☐
c) Nein. Du brauchst (möglichst schriftlich) die Genehmigung der Mitschülerin.	☐

Lösungen: 1c, 2d, 3a+d, 4c, 5b, 6c, 7c

Meine Daten und sichere Passwörter

Marco Bettner

Meine Daten und sichere Passwörter

Warum ist die Verwendung von Passwörtern wichtig?

Das waren noch Zeiten, als Daten lediglich in Karteikarten und Akten verwaltet wurden. Hier war das Aufsuchen und Ablegen von Informationen umständlich. Vorteil dieser Vorgehensweise: Der Personenkreis, der die Informationen einsehen konnte, war überschaubar. Genauso war es bei der Versendung von Daten. Ein Dokument wurde erstellt und auf dem Postweg zum Adressaten bzw. zur Adressatin gebracht. Anders bei der digitalen Datenverarbeitung: Daten können einfach und schnell gespeichert und auch schnell aufgefunden werden. Nachrichten können ohne Briefmarke zeitnah an zahlreiche Empfänger und Empfängerinnen verschickt werden. Der Nachteil hier: Abgespeicherte Daten können, wenn Passwörter geknackt wurden, von anderen unbefugten Personen eingesehen und nach Belieben weitergereicht werden.

Daher ist es immens wichtig, dass personenbezogene Daten sicher abgespeichert und die Wahrscheinlichkeit des Knackens von Passwörtern äußerst geringgehalten wird. Dies gilt auch für den Zugang zu Systemen, z. B. zu E-Mail-Accounts, Videokonferenzen oder Tools wie MS Teams …

Viele Grundschulkinder sind für dieses Thema noch nicht sensibilisiert. Äußerungen wie „Was ist schon besonders an meinen Daten?" oder „Meine Daten kann doch gerne jeder einsehen, ich habe nichts zu verbergen" sind mir schon des Öfteren im Unterricht begegnet. Bevor den Lernenden Hintergrundwissen, etwa zur Wahl von effektiven Passwörtern und zum Umgang mit den eigenen Daten, nähergebracht wird, ist es sinnvoll, ihnen zunächst deutlich zu machen, warum dies so wichtig ist. Hierzu finden sich im Internet zahlreiche Beispiele, in denen Konsequenzen aus dem Datenklau deutlich werden:

- Geheime Daten werden von anderen zum Mobbing verwendet.
- Kriminelle können mit fremden Zugängen bei diversen Plattformen Bestellungen tätigen.
- Daten können zu Werbezwecken verwendet werden.
- …

Was sind sichere Passwörter?

Viele Menschen benutzen zwar Passwörter, diese sind jedoch meist nicht sicher. Der Erstgeborene heißt z. B. Moritz und wurde 1996 geboren – daraus wird dann schnell das Passwort „Moritz96" kreiert. Das kann man sich schließlich sehr gut merken und verwendet es der Einfachheit halber am besten noch durchgängig für alle Systeme. Gravierender Nachteil: Das Passwort kann problemlos entschlüsselt werden und der Fremdnutzer bzw. die Fremdnutzerin hat gleich Zugang zu allen angemeldeten Systemen.

Passwörter werden oft von Maschinen bzw. Programmen ermittelt. In Windeseile (ein schneller Rechner kann bis zu einer Million verschiedene Passwörter pro Minute überprüfen) probieren sie alle Elemente eines Wörterbuchs vorwärts und rückwärts aus, bis Sesam endlich seine Tore öffnet. Das dauert nur wenige Minuten und Passwörter wie z. B. „Auto" werden ohne Probleme geknackt.

Meine Daten und sichere Passwörter

Am häufigsten werden übrigens diese einfallsreichen Begriffe in Deutschland als Passwort verwendet:

123456   123456789   password   111111
000000   iloveyou   hallo123

Was sind eigentlich (weitestgehend) sichere Passwörter? Hier einige Qualitätsmerkmale:

 Je mehr Zeichen Sie verwenden, desto sicherer ist Ihr Passwort. Sicherheitsprofis empfehlen, mindestens 10 Zeichen zu verwenden.

 Ein sicheres Passwort sollte ohne Reihenfolge o. Ä. konzipiert sein. Entschlüsselungsprogramme, die Codewörter ausprobieren, basieren auf Logik. Je unlogischer das Passwort aufgebaut ist, desto größer ist die Chance, dass es von Fremden nicht entschlüsselt wird.

 Da Programme oft Wörter aus Lexika zum Ermitteln des richtigen Passworts verwenden, sollten Sie nie bekannte Begriffe bzw. Wörter verwenden.

 Konzipieren Sie Ihr Passwort aus Klein- und Großbuchstaben, Sonderzeichen (&, $, @ …) und Ziffern.

 Verwenden Sie nie das gleiche Passwort auf mehreren Systemen. Wenn ein Passwort geknackt werden sollte, ist „lediglich" ein Zugang betroffen und nicht alle Systeme.

 Sie sollten Passwörter nie aufschreiben, der Merkzettel könnte in falsche Hände geraten. Wichtig: Das Passwort erst recht nicht auf den Bildschirmrand kleben oder unter der Tastatur verstecken, dieses Geheimversteck ist vielen bekannt. Sie deponieren ja Ihren Haustürschlüssel hoffentlich auch nicht unter dem Fußabtreter.

 Bei einigen Internetseiten bekommen Sie voreingestellte Passwörter. Diese sollten Sie umgehend ändern.

 Passwörter sollten generell nicht an andere Personen weitergegeben werden, auch nicht an den momentan besten Freund oder die beste Freundin. Dieser „Beziehungsstatus" kann sich jederzeit ändern und dann ist die Geheimhaltung des Passwortes ggf. nicht mehr gesichert.

Wie bereits erwähnt, sind Programme intelligente Systeme, die auch logisch verschlüsselte Passwörter mit einer hohen Trefferquote ermitteln können.

Ein logisches Verschlüsselungsverfahren ist z. B. die sog. Caesar-Entschlüsselung. Die Buchstaben des Alphabets werden dabei um eine entsprechende Anzahl verschoben. Aus dem Wort „Familie" wird durch Verschiebung der Buchstaben um drei nach rechts beispielsweise das Wort „Idplolh". Weitere, durchaus bekannte Verschlüsselungsverfahren sind:

- Weglassen von Selbstlauten. Aus „Torwart" wird „Trwrt".
- Verschiebung der Satzrichtung. Aus „Frau Merkel ist Bundeskanzlerin" wird der Satz „Bundeskanzlerin ist Merkel Frau".
- Abbildung der Wörter von rechts nach links: „nirelznaksednub tsi lekrem uarf".
- …

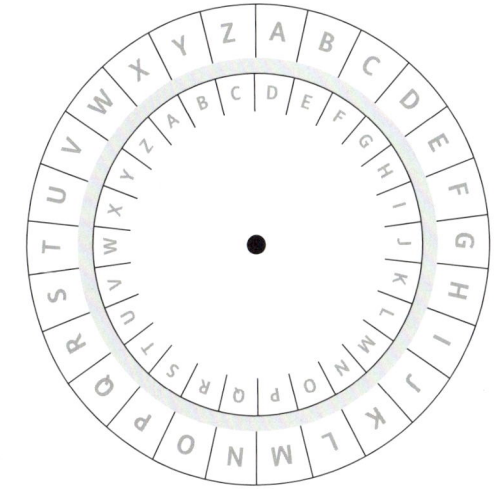

 ## *Meine Daten und sichere Passwörter*

Um Grundschulkindern solche Ver- und Entschlüsselungsverfahren näherzubringen und ihnen zu zeigen, wie leicht Codes (auch ohne intelligente Programme) geknackt werden können, wurde das Arbeitsblatt „Geheime Nachrichten" erstellt (vgl. S. 30). Den Kindern bereitet das Auffinden der Lösungen sehr viel Spaß und zeigt Grundmechanismen von einfachen Entschlüsselungsverfahren auf.

Wie kann man sich sichere Passwörter merken?

Dazu bieten sich folgende Ideen an:

1. Mithilfe von für Sie leicht merkbaren Phrasen das Passwort merken.
   Beispiel für eine Phrase: Ich habe eine Frau, zwei Kinder und eine Katze.
   Passwort: „Ih1F,2Ku1K".
   Sie nehmen lediglich die Anfangsbuchstaben des jeweiligen Wortes (Groß- und Kleinschreibung beachten) und verwenden für die Mengenangaben Ziffern.

2. Das Passwort kann auch mit passenden Sonderzeichen versehen werden:
   „Ih1F,2K&1K"
   Neben dem &-Zeichen für „und" können Sie z. B. bei Passwörtern mit dem Buchstaben „S" ein Dollarzeichen ($) verwenden.

Sollten Sie trotzdem nicht auf eine separate Merkhilfe verzichten wollen, lassen sich dafür sog. Passwort-Manager verwenden. Ihre Passwörter werden in besonders gesicherten Datenbanken gespeichert und können jederzeit von Ihnen abgerufen werden.

Whatsapp-Messenger ist ein No-Go

Laut der JIM-Studie (JIM = Jugend, Information, Medien) von 2019 ist Whatsapp die beliebteste App unter den 12- bis 19-Jährigen.[1]

Doch selbst wenn man davon ausgeht, dass man ein weitestgehend sicheres Passwort für seinen Whatsapp-Zugang erstellt hat, stellt sich die Frage, wie der Messenger-Dienst mit den gespeicherten Daten umgeht. Zahlreiche Bundesländer haben die Verwendung der App im Unterricht, z. B. in Form einer Klassengruppe, in der die Lehrkraft Hausaufgaben oder andere schulspezifische Infos austauscht, bereits aus folgenden Gründen verboten:

 Der Messenger-Dienst der amerikanischen Firma Facebook® entspricht nicht den europäischen Datenschutzstandards.

 Es kann nicht ausgeschlossen werden, dass amerikanische Behörden auf die einzelnen Chatverläufe zugreifen können.

 Daten könnten an Facebook® zu Werbezwecken weitergegeben werden. Facebook® ist Eigentümer des Messenger-Dienstes.

---

[1] vgl. https://www.mpfs.de/fileadmin/files/Studien/JIM/2019/JIM_2019.pdf (Medienpädagogischer Forschungsverbund mpfd)

Meine Daten und sichere Passwörter

 Die App greift auf das Adressbuch des Smartphones zu.

 Die AGBs von Whatsapp schließen die Verwendung der App von unter 16-Jährigen aus. Sollten 16- bis 17-Jährige die App nutzen wollen, muss das nach deutschem Recht formal von den Eltern genehmigt werden.

 Nutzer und Nutzerinnen können ungefragt von anderen Kontakten aus ihrem Adressbuch zu Gruppen hinzugefügt werden. In diesen Gruppen können alle Gruppenmitglieder die Handynummern der anderen einsehen, auch wenn sie sich nicht kennen. Dies ist standardmäßig möglich und kann nur durch einen entsprechenden Eintrag in den App-Einstellungen verhindert werden.

Geheime Nachrichten

Aufgabe 1

Wenn man jemandem etwas sagen will, was andere nicht mitbekommen sollen, kann man es in eine geheime Nachricht verpacken. Wenn der andere weiß, wie du die geheime Nachricht „verpackt" hast, weiß er was du meinst.

Kannst du die geheimen Nachrichten entschlüsseln?

a) Ds Fhrrd st rt.

b) Hmbrg st n Stdt m Nrdn.

c) m lbstn spl ch Fßbll.

d) Eid Nepla nebah ehoh Egreb.

e) Hcoh m 2692 tsi Eztipsguz eid.

f) Cfsmjo jtu ejf Ibvqutubeu wpo Efvutdimboe. (Achtung: schwer!)

Aufgabe 2

Denke dir eine eigene geheime Verschlüsselung aus. Schreibe damit einen Satz. Tausche die Ergebnisse mit deinem Nachbarn. Versucht gegenseitig eure Nachrichten zu entschlüsseln.

Einsatz von kostenfreien Lern-Apps

Alina Düringer

Vorwort

Apps sind im Alltag von Kindern und Jugendlichen nicht mehr wegzudenken. Selbst Grundschulkinder haben in den meisten Fällen bereits ein Smartphone und bleiben so in Kontakt mit ihren Freunden oder tauschen die gerade angesagten Trends aus. Nicht selten kommen dabei Apps zum Einsatz, die sich um Lifestyle, Gaming oder Fotobearbeitung drehen. Warum also sollte man als Lehrkraft die Lernenden nicht in deren „Welt" abholen? Apps sind in den Augen der Kinder cool und der Austausch darüber schafft ein Gemeinschaftsgefühl. Man gehört dazu und kann mitreden. Dass es auch für die Schule geeignete Lern-Apps gibt, scheint ein Gewinn für beide Seiten zu sein. Besonders in Pandemie-Zeiten kommt man um sinnvolle Lern-Apps nicht herum. Aber auch grundsätzlich ist zu sagen, dass der Einsatz solcher Apps sinnvoll sein kann, solange sie entsprechend ausgewählt werden und die Inhalte des Unterrichts aufgreifen. In den meisten Fällen gehen die Kinder motivierter und lernbereiter an Aufgaben heran, wenn eine App für die Lösung der Aufgaben herangezogen werden muss.

Im Folgenden sollen nun geeignete Lern-Apps für die Grundschule und deren möglicher Einsatz kurz vorgestellt werden. Zunächst wird es dabei um die Fächer Deutsch und Mathematik gehen. Im Anschluss folgt eine Übersicht für einzelne Nebenfächer in der Primarstufe. Die Beispiele beschränken sich auf kostenfreie Apps, um allen Kindern problemlos den Zugang und die Nutzung ermöglichen zu können.

Die Lern-App ANTON

Deutschunterricht mit ANTON

Betrachten wir zunächst das Fach Deutsch: Eine geeignete App ist hier *ANTON – Lernen – Grundschule bis Gymnasium*. Wie der Name schon sagt, ist die App nicht nur für die Grundschule geeignet, sondern darüber hinaus bis zur Jahrgangsstufe 10. Sie bietet neben dem Fach Deutsch ebenso Lernmöglichkeiten für die Fächer DaZ, Mathematik, Biologie, Musik sowie weitere Nebenfächer. Die Nutzung funktioniert ohne Registrierung. Die Kinder brauchen nur einen Spitznamen einzugeben und ihre Klassenstufe auszuwählen und schon können sie mit dem Lernen beginnen. Lehrkräfte geben ihren Vor- und Zunamen ein und können danach auf dieselben Inhalte zugreifen wie die Kinder. Es gibt außerdem die Möglichkeit, die eigene Schule mit anzugeben, um auf diese Weise einen Überblick über die Anzahl der aktiven Nutzer zu erhalten und Lerngruppen innerhalb der Schule zu erstellen. Neben der Nutzung über die App kann man ANTON auch webbasiert nutzen unter https://anton.app.de. Dafür ist zusätzlich die Eingabe einer E-Mail-Adresse und eines Passworts nötig.

Wie sieht die App nun aber konkret aus? Positiv ist hier zu Beginn die übersichtliche Oberfläche und die Anzahl an Themen hervorzuheben. Zu jedem relevanten Thema aus dem Lehrplan (vor allem Rechtschreibung, Grammatik, Lesen und Schreiben) gibt es hier Erklärungen und Übungen. Schauen wir uns hier exemplarisch das Thema *Adjektive* in der 2. Klasse an:

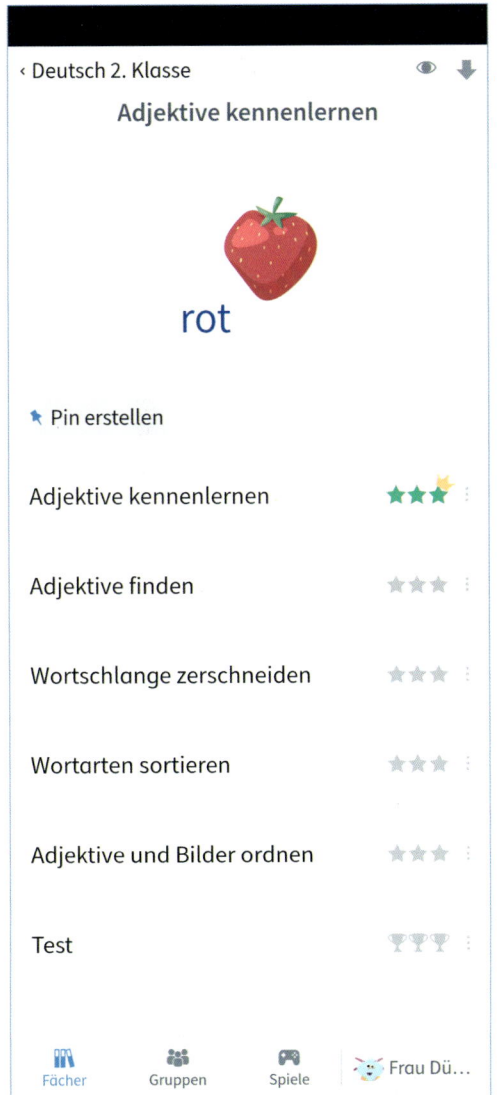

Die verschiedenen Übungsformate zum Thema *Adjektive*

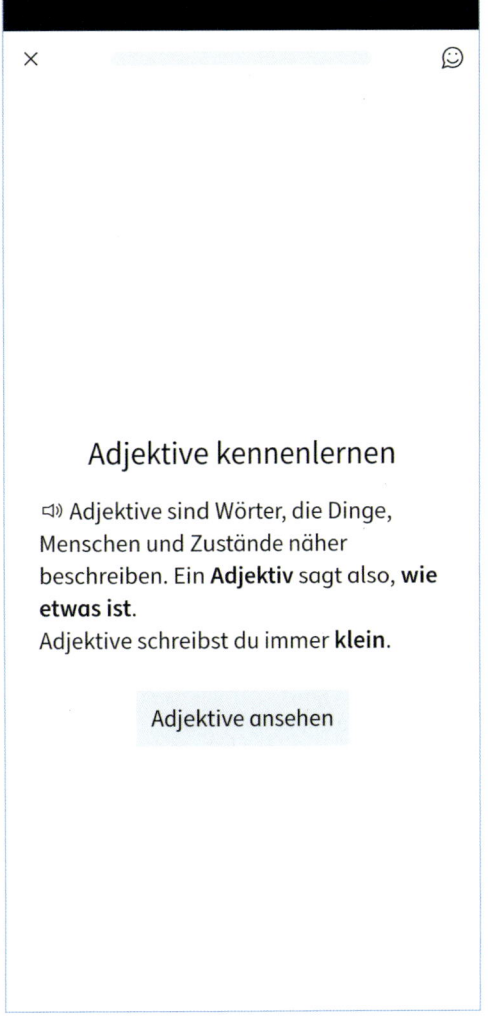

Adjektive kennenlernen: Durch Antippen des Lautsprechersymbols können die Lernenden sich die Erklärung vorlesen lassen.

 *Die Lern-App ANTON*

Adjektive erkennen: Durch Antippen der Wörter können die richtigen ausgewählt werden.

Wortarten erkennen: Durch einfaches Ziehen werden die Wörter den richtigen Wortarten zugeordnet.

Die Lernenden können die einzelnen Übungen bearbeiten und erhalten dafür als Belohnung Goldmünzen. Diese können innerhalb der App für Spiele verwendet werden. Die Spiele bieten den Kindern Abwechslung und kurze Pausen zwischen den einzelnen Lernphasen. Während des Übens erhalten die Lernenden motivierende Kommentare und auch am Ende einer Übung gibt es ein Lob. Außerdem wird das Lernen durch farbenfrohe und ansprechende Illustrationen motivierend gestaltet.

Die bereits bearbeiteten Aufgaben werden gespeichert. Gut ist auch, dass die Kinder die Aufgaben nicht nach der Reihe bearbeiten müssen. Vielmehr können sie sich zwischen den Themen frei bewegen und diejenigen Aufgaben auswählen, die sich individuell am besten eignen. Auf diese Weise wird der Heterogenität der Lernenden Rechnung getragen, denn alle können in ihrem eigenen Tempo und in einem frei gewählten Umfang arbeiten. Ebenso kann man die Aufgaben hinsichtlich der Schwierigkeit den einzelnen Lernniveaus anpassen.

Insgesamt ist die App sehr umfassend aufbereitet. Es empfiehlt sich, ANTON ergänzend zum Unterricht zu nutzen, z.B. kann ein Themeneinstieg per App erfolgen. Genauso gut kann der Unterrichtsstoff durch die App nochmal wiederholt und durch Übungen gefestigt werden.

Die Lern-App ANTON

Im Hinblick auf eine bevorstehende Klassenarbeit können die Kinder die App zur Vorbereitung nutzen und sich gezielt die Themen heraussuchen, bei denen sie erhöhten Wiederholungsbedarf haben.

Für die erste Nutzung ist es ratsam, die App einmal gemeinsam mit der Klasse zu starten, um den Kindern die Nutzungsweise zu erklären und den Aufbau der App kurz vorzustellen.

Mathematik, Sachunterricht und Musik mit ANTON

Auch für Mathematik und einzelne Nebenfächer, z.B. Sachunterricht und Musik, ist die App empfehlenswert. Gerade für die Nebenfächer gibt es ansonsten nicht viele kostenfreie Angebote, sodass ANTON auch hier die erste Wahl scheint. Wie für den Deutschunterricht gibt es auch hier durchdachte und vielfältige Übungen und Erklärungen. Für den Sachunterricht findet man u.a. die Themen *Pflanzen*, *Tiere*, *Mensch*, *Technik*, *Fahrradprüfung* und *Unsere Erde*. Nutzt man die App für das Fach Musik, können die Kinder auf anschauliche Art und Weise lernen, welche Musikinstrumente es gibt und was Noten, Tonhöhen und Rhythmus sind. Besonders schön ist dabei, dass die Kinder bei der Vorstellung der Instrumente neben den sachlichen Informationen auch Klangbeispiele vorgespielt bekommen und damit einen ganzheitlichen Eindruck des jeweiligen Instruments erhalten. So können auch Kinder ohne Vorwissen alle Übungen gut bearbeiten, wenn sie die vorangehenden Erklärungen aufmerksam verfolgt haben.

Die Lern-App Mathematik Übungen

Für das Fach Mathematik möchte ich nun zusätzlich die App *Mathematik Übungen* vorstellen. Sie bietet zahlreiche Übungen zu allen Themengebieten des Mathematikunterrichts für die Klassen 1–8. Einige Übungen und Funktionen sind nur nutzbar, wenn man die Vollversion kauft. Die kostenlose Basisversion der App ist jedoch für den Grundschulbereich ausreichend. Eine Anmeldung zur Nutzung ist nicht erforderlich, der Download im App-Store reicht aus. Die App bietet keine webbasierte Version.

Man kann in der App neben den eigentlichen Übungen, hier Tests genannt, auch einen eigenen Lernplan erstellen. Die Ergebnisse der bereits durchgeführten Übungen bzw. Tests können jederzeit eingesehen und die Übungen auch erneut bearbeitet werden. Sogar eine Statisitik wird angezeigt, in der aufgrund der bisherigen Ergebnisse eine Durchschnittsnote für den Nutzer oder die Nutzerin berechnet wird. Die Oberfläche der App ist sehr übersichtlich und klar gestaltet und man findet sich schnell zurecht:

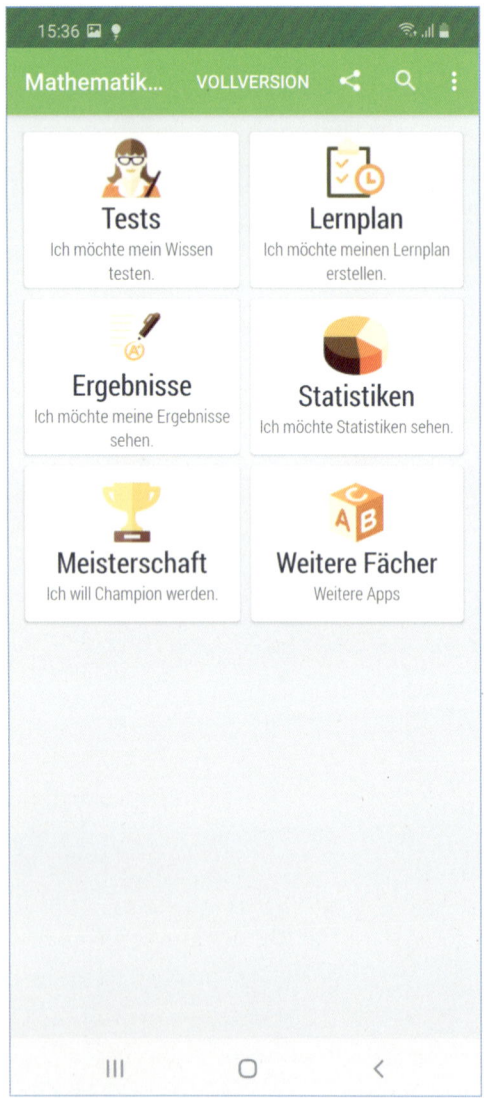

Startseite der App: Durch Antippen des Auswahlfelds *Tests* gelangt man zu den Übungen.

Themenübersicht: Durch Antippen eines Themenbereichs gelangt man zu einer Auswahl möglicher Übungsthemen.

Die Lern-App Mathematik Übungen

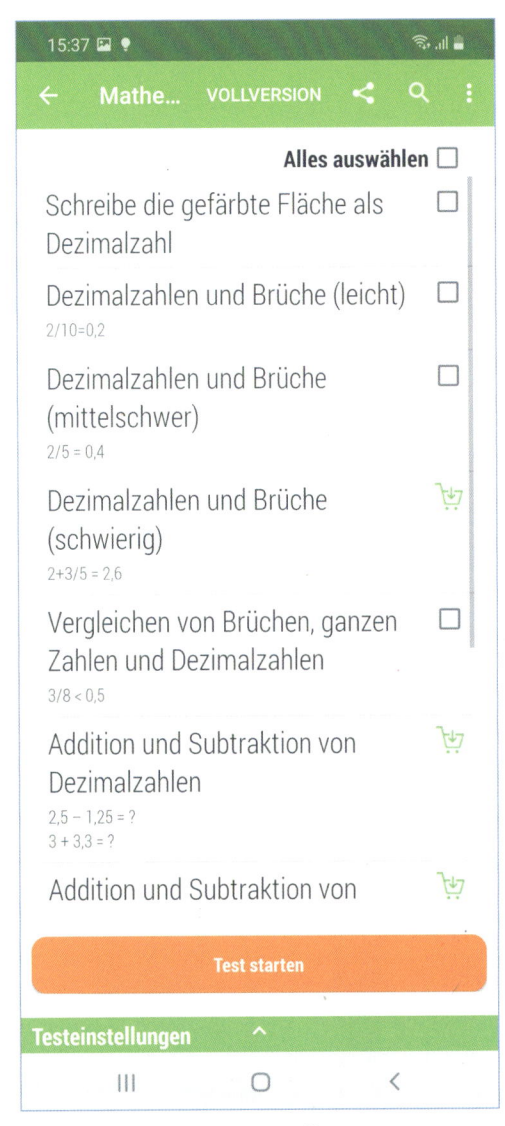

Auswahl verschiedener Übungsthemen: Durch Antippen der einzelnen Themen können diese ausgewählt und so individuell zusammengestellt werden.

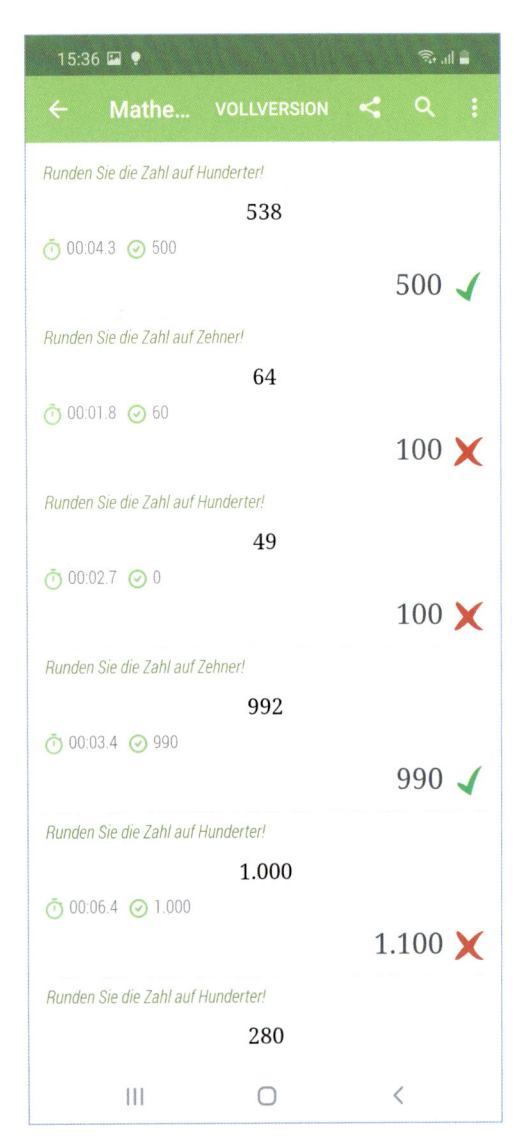

Nach der Bearbeitung erhalten die Lernenden eine Übersicht über die richtig und falsch beantworteten Aufgaben.

Wählt man seine Klassenstufe aus, werden alle zur Verfügung stehenden Themen angezeigt und man kann direkt loslegen. Statt der Auswahl der Klassenstufe ist auch eine Suche über Themenbereiche möglich.

Während der Bearbeitung wird die Zeit gestoppt und die Kinder können anschließend sehen, wie schnell sie die Aufgaben gelöst haben. Es folgt ebenfalls eine detaillierte Übersicht über die richtig und falsch bearbeiteten Aufgaben, sodass die Kinder sich nach der Durchführung alles in Ruhe noch einmal anschauen können. Aufgrund der richtig und falsch bearbeiteten Aufgaben wird außerdem eine Schulnote vergeben, die den Kindern einen Eindruck vermittelt, wie ihre Leistung zu bewerten ist. Insgesamt überzeugt diese App durch eine Vielzahl an Aufgaben und Übungsmöglichkeiten. Die Lernenden können gezielt Themen auswählen, bei denen eine Vertiefung sinnvoll ist. Demnach ist auch diese App für Kinder aller Leistungsbereiche gut geeignet, da die Themen unabhängig voneinander bearbeitet werden können und auch die Schwierigkeitsgrade variieren.
Es ist jedoch darauf zu achten, dass die Kinder sich nicht zu sehr auf die vergebenen Schulnoten verlassen, sondern diese nur als Rückmeldung zu der gerade durchgeführten Übung verstehen.

Die Lern-App Englisch für Kinder

Die App *Englisch für Kinder* bietet Grundschulkindern ansprechende Übungsaufgaben zu verschiedenen relevanten Themenfeldern. Es finden sich u. a. die Kategorien *animals, fruits, sports, school objects, clothes* und *living room*. In jeder Kategorie können die Kinder verschiedene Aufgaben bearbeiten und auf diese Weise spielerisch den Wortschatz der einzelnen Themenbereiche in Ergänzung zum Unterricht wiederholen und üben. Denkbar ist auch eine Bearbeitung ohne Vorkenntnisse aus dem Unterricht, da die einzelnen Wörter und Gegenstände vorab immer erst vorgestellt werden, bevor die Kinder entsprechende Übungen dazu durchführen. Dies scheint aber nur in Ausnahmefällen – wie z. B. in Zeiten der Pandemie – oder bei längerer Krankheit eines Kindes sinnvoll zu sein. Grundsätzlich sollte der Wortschatz aus dem Unterricht bekannt sein und durch die App lediglich gefestigt und vertieft werden. Auch als Vorbereitung auf eine Klassenarbeit oder speziell einen Vokabeltest eignet sich die App gut.

Eine Registrierung ist nicht nötig, die Lernenden können nach dem Starten der App direkt loslegen. Zu Beginn wählt man eine Kategorie aus (z. B. *fruits*). Nun stehen vier Auswahlmöglichkeiten zur Verfügung:

- *Learn*: Hier werden die englischen Wörter mit Bild, Text und Aussprache vorgestellt.
- *Find the word*: Hier müssen die Kinder zu der jeweils abgebildeten Obstsorte unter vier Auswahlmöglichkeiten das passende Wort finden. Durch Antippen der Auswahlmöglichkeiten, können sich die Kinder die Aussprache des jeweiligen Worts anhören.
- *Find the picture:* Hier wird ein Begriff vorgegeben (z. B. *banana*) und die Kinder müssen dazu das korrekte Bild finden. Wieder werden vier Bilder vorgegeben, aus denen das richtige ausgewählt werden muss.
- *Writing*: Bei der Übung *writing* geht es darum, die korrekte Schreibweise des vorgegebenen Worts zu finden. Als Hilfe werden dabei die Buchstaben in unsortierter Reihenfolge vorgegeben.

Die vier verschiedenen Übungsformate können prinzipiell unabhängig voneinander bearbeitet werden. Jedoch empfiehlt es sich, die Reihenfolge *learn – find the word – find the picture – writing* einzuhalten. Auf diese Weise wird das Lernen stufenweise ergänzt. Die genannten Übungen sind für alle Kategorien gleich. Die App bietet damit eine sinnvolle Möglichkeit, den Wortschatz zu üben. Einziger Wermutstropfen bei der Nutzung ist die Werbung, die im unteren Bereich des Bildschirms dauerhaft angezeigt wird. Dies tut der Nützlichkeit jedoch keinen Abbruch und stört nur wenig beim Lernen. Wertvoller ist es, dass es sich auch bei dieser App um eine kostenfreie Anwendung handelt und dadurch alle Kinder davon profitieren können.

Übungsformate zum Thema *fruits*: Durch Antippen eines Auswahlfelds gelangen die Lernenden zu den Übungen.

Die Lern-App Englisch für Kinder

Learn: Durch Antippen des Lautsprechers können die Lernenden sich das Wort vorsprechen lassen.

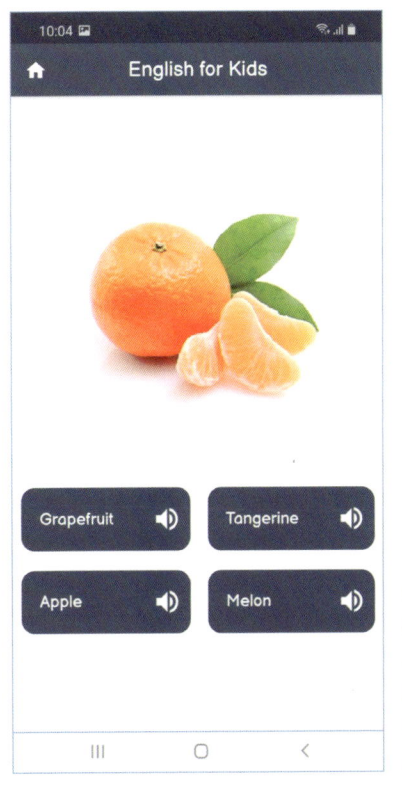

Find the words: Auch hier gibt es die Möglichkeit, sich die Wörter vorsprechend zu lassen.

Find the picture: Hier müssen die Lernenden das richtige Bild antippen.

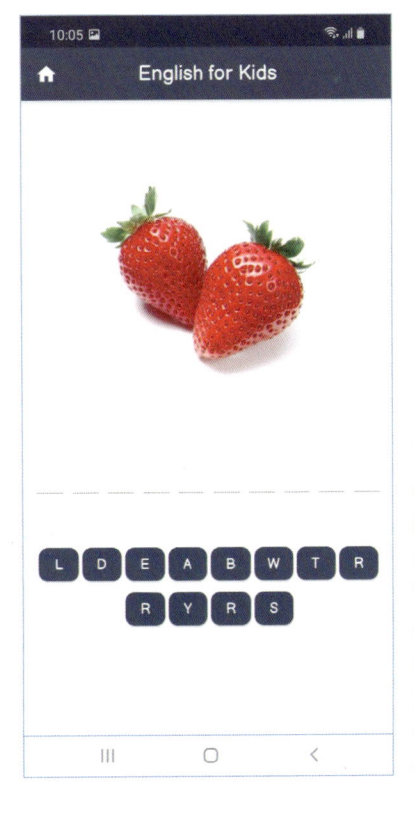

Writing: Aus den unten vorgegebenen Buchstaben soll das passende Wort zusammengesetzt werden. Einige Buchstaben werden dafür auch nicht benötigt.

© PERSEN Verlag

39

Zusammenfassende Bewertung

Nach diesem kurzen Überblick über verschiedene kostenfreie Lern-Apps für die Grundschule bleibt Folgendes festzuhalten:

Mithilfe von Lern-Apps ist Lernen und Üben flexibel an jedem Ort möglich. Auch die Dauer und der Umfang lassen sich bei den vorgestellten Apps individuell festlegen.

ANTON bietet auf dem Markt der kostenfreien Lern-Apps derzeit das beste Gesamtangebot. Die App enthält vielseitige und umfassende Erklärungen und Übungen und ist zudem einfach zu bedienen. Die Gestaltung ist sehr ansprechend und kindgerecht. Auch die Tatsache, dass nicht nur Grundschulkinder, sondern alle Lernenden bis einschließlich zur 10. Klasse mit der App arbeiten können, ist ein großer Pluspunkt. Dass die App darüber hinaus nicht nur für ein Schulfach, sondern gleich mehrere gemacht ist, ist ebenfalls ein großer Gewinn.

Trotz des umfassenden Angebots von ANTON, spricht nichts dagegen, zusätzlich fachspezfische Apps zu nutzen, wie z.B. *Mathematik Übungen*. Gerade der Unterschied zwischen verschiedenen Apps bietet Abwechslung und kann die Flexibilität der Kinder fördern. Wenn im Klassenverband beispielsweise bereits mit der App ANTON gearbeitet wird, empfiehlt es sich, für das selbstständige Üben zu Hause eine andere App zu nutzen. Auch Kindern mit Schwierigkeiten in Mathematik kann es helfen, eine zusätzliche App zum Üben zu haben.

Für das Fach Englisch bietet sich die vorgestellte App *Englisch für Kinder* an. Sie ist zugeschnitten auf die Inhalte und Anforderungen des Englischunterrichts in der Primarstufe. Weiterhin besticht sie, ähnlich wie die zuvor vorgestellten Anwendungen, durch ein ansprechendes Design, motivierende Bilder, Kommentare und eine simple Bedienung.

Alle drei vorgestellten Apps sind klare Empfehlung für die Schule. Leider muss man aber sagen, dass die Auswahl an guten **kostenfreien** Apps begrenzt ist. Manche kostenfreie Angebote beziehen sich beispielsweise nicht auf die relevanten Lehrplanthemen oder bieten nur eine Art Spiel, bei dem der Lerneffekt eher gering ausfällt. Des Weiteren kann es vorkommen, dass kostenfreie Apps hauptsächlich aus Werbung bestehen und dadurch die Kinder kaum zur Bearbeitung der Aufgaben kommen, da sie ständig durch integrierte Werbespots vom Lernen abgehalten werden. Für eine größere Auswahl müsste man sich daher schon bei den kostenpflichtigen Apps bedienen. Für den unterstützenden Unterricht bzw. das Homeschooling sind die kostenlosen Apps jedoch ausreichend.

Lehrkräfte bzw. Eltern sollten aber auch bei dieser Art des digitalen Lernens ein Auge darauf haben, dass die Kinder die Aufgaben auch wirklich bearbeiten. Sie sollten ebenfalls darauf achten, dass die Kinder bei einer freien Auswahl der Übungen, geeignete Aufgaben auswählen und sich nicht über- oder unterfordern. Zudem ist es ratsam, auf die Dauer der Nutzung zu achten. Die Kinder sollten die App weder halbherzig nutzen und nach geschätzten fünf Minuten das Handy wieder aus der Hand legen, noch stundenlange mit der App üben.

Die WebQuest-Methode

Jörn E. von Specht

Vorwort

Es ist inzwischen breiter Konsens, dass uns die Auswirkungen der Corona-Krise gezeigt haben, dass Schulen in das Zeitalter der Digitalität geführt und digitale Lernangebote mehr und mehr selbstverständlichr Bestandteil schulischer Lernsettings werden müssen. Wie aber müssen diese gestaltet sein? Wer ist die Zielgruppe? Wer kann die Erstellung professioneller digitaler Lernangebote leisten? Wer kann unterstützen? Reichen vorhandene Programme oder Apps aus? Wie müssen Lern-Management-Systeme aufgebaut sein? ... Fragen über Fragen.

Lehrende an den Universitäten und die Kolleginnen und Kollegen in der täglichen Unterrichtspraxis sind sich einig, dass die Digitalisierung einzelner Lerninhalte fester Bestandteil der Fächer werden muss. Flankiert werden müssen fachliche Inhalte durch ein gelingendes Coaching, soziale Angebote, zielführendes Feedback und vieles mehr.

Für die Gruppe der Lernenden ist der Umgang und die Nutzung digitaler Endgeräte alltäglich. Die Geräte sind weitgehend vorhanden. Dass man diese auch bestens zum Lernen einsetzen kann, ist nicht durchgängig bekannt. Es ist an der Zeit, die enormen webdidaktischen Potenziale digitaler Medien für das Lernen zu erkennen und zu nutzen. Dies gilt für alle am Lernprozess Beteiligten. Um Kompetenzen, Fähigkeiten, Fertigkeiten und Wissen zielgruppenadäquat anzubahnen und zu entwickeln, ist es wichtig, dass ein gezielt gestalteter Mix aus Off- und Online-Lernangeboten in einem ausgewogenen Verhältnis geschaffen und angeboten werden muss, mit passenden Methoden, didaktischen Ansätzen sowie einem den Lernenden gerecht werdenden Coaching durch die Lehrenden. Web-Quests, die nicht nur ein Aufgabenformat, sondern vielmehr eine Methode zum Lernen und Lehren mit dem Internet sind, können hier einen entscheidenden Beitrag in der Vielfalt digitaler Lernangebote leisten.

WebQuests in der Schule

Einsatzmöglichkeiten im Unterricht

In welchen Unterrichtsszenarien lassen sich WebQuests einsetzen? Digitale Lernangebote lassen sich mit digitalen Endgeräten abrufen und bearbeiten. Es bedarf nicht zwingend einer Möglichkeit zum Ausdrucken. Somit können Lernende, egal welcher Altersstufe, auf die Inhalte zugreifen und mit ihnen lernen. Die im Vorfeld von der Lehrperson detailliert geplanten Inhalte (sachlich, methodisch, didaktisch) sowie der richtige Mix aus Texten, Filmsequenzen, Bildern, Quiz etc. macht gelungene Lernangebote aus. Hier haben WebQuests ihr Potenzial.

WebQuests sind von der Methode her in allen Altersstufen und Fächern einsetzbar, immer unter der Voraussetzung, dass die Zielgruppe der Lernenden mit den Inhalten oder dem jeweiligen Ausprägungsgrad nicht überfordert wird. Sie lassen sich in der Schule unter der Anleitung und Betreuung durch die Lehrenden, aber auch außerhalb der Schule, im Rahmen von Fernunterricht, einsetzen. Hilfreich ist es dann, dass die Lehrkraft den Prozess (z.B. über Chat, Videochat) begleiten kann.

Die folgenden Abschnitte zeigen auf, worum es sich bei WebQuests handelt und wie sie sich im schulischen Kontext umsetzen lassen.

Begriffsbestimmung der WebQuests

Das Lernen in und mit dem Internet bietet jedem Nutzer und jeder Nutzerin Materialien und Möglichkeiten in nahezu unbegrenzter Vielfalt. Texte, Bilder, Videos u.v.m. lassen sich mit wenigen Mausklicks abrufen und können sehr komfortabel genutzt werden. Andererseits stellt sich gerade für Ungeübte (das könnten aus schulischer Sicht Grundschulkinder sein) das Problem, wirklich passende Informationen zu finden, deren Zuverlässigkeit zu prüfen und sie dann angemessen zu verwenden. So unterscheidet sich die WebQuest-Methode deutlich von herkömmlichen Recherchen im Internet. Es wird als „Abenteuer im Internet" verstanden.

Bei der Arbeit mit Suchmaschinen werden beim Sammeln von Informationen neben inhaltlich passenden Angeboten oft auch fragwürdige Inhalte als Suchergebnis angezeigt. Nicht alle Lernenden, die das Internet nutzen, zeigen ein hohes Maß an Medienkompetenz, gerade dann nicht, wenn sie zu den Novizen gehören. Zuerst angezeigte Treffer müssen nicht dem eigentlichen Suchbegriff/-feld entsprechen. Aus schulischer Sicht wird hier in erster Linie keine Kompetenz im Umgang mit den neuen oder digitalen Medien geübt, sondern eher die Frustrationstoleranz der Kinder geprüft. Genau an diesem Punkt setzt die Methode des WebQuest an:
Im WebQuest werden die Lernenden durch eine vorbestimmte Struktur (Bereiche) geführt und in diesen Bereichen direkt auf zuvor ausgewählte Seiten „verlinkt".

Technisch ausgedrückt ist ein WebQuest ein anfrageorientiertes Online-Tool zum Lernen und damit im Gegensatz zu herkömmlichen Lernmethoden interaktiver.
Dies klingt zunächst nicht für jede Person spannend. Einige werden sich fragen: „Kann ich das?"; „Brauche ich das für meinen Unterricht?"; „Wo steckt das Potenzial gegenüber herkömmlichen Medien?"

WebQuests in der Schule

Nun, der Begriff „Online-Tool" verrät bereits an dieser Stelle, dass es sich um Lernangebote handelt, bei denen Lernende Informationen aus dem Internet zur Verfügung gestellt bekommen. Diese werden sie dann erkunden, analysieren und bearbeiten. Mit WebQuests lassen sich so einstündige Lektionen abdecken oder ganze Themen behandeln. Anders formuliert steht WebQuest für eine Art *Spurensuche im Internet*, gelegentlich wird auch der Begriff *Internet-Rallye* synonym verwendet.

Nachfolgend wird sich schrittweise dem Thema WebQuest genähert, indem theoretische Ansätze kurz beleuchtet, Potenziale genannt und die Erstellung von WebQuests exemplarisch aufgezeigt werden.

Die WebQuest-Methode

Sucht man mit einer beliebigen Suchmaschine im Netz nach dem Begriff „WebQuest", finden sich innerhalb kürzester Zeit Einträge im sechsstelligen Bereich. Dies führt schnell zu Verwunderung. Die Methode ist so massiv im Netz präsent, dennoch scheint sie sich nicht entsprechend in der Schule durchzusetzen.

WebQuests gibt es seit vielen Jahren. Entwickelt wurde die Methode von *Bernie Doge* und *Tom March* 1995 an der San Diego State University. Ziel war es, eine Methode zu entwickeln, mit der es möglich wurde, internetbasiert im Unterricht zu arbeiten. Die WebQuest-Methode war ursprünglich für erwachsene Lernende bestimmt und sollte die Informationen aus dem Internet für diese Zielgruppe nutzbar machen. Die Aufgabe der Lernenden ist dabei, die Informationen der vorgegebenen, vorausgewählten, vorstrukturierten Seiten (auf die man durch die „Verlinkung" kommt) so zu nutzen, dass diese am Ende des Lern- und Arbeitsprozesses in einer Präsentation an die Lerngruppe weitergegeben werden können. Längst hat sich diese Methode aber auch in den Bereichen der Primar- und Sekundarstufe etabliert.

Seit der Entwicklung der Methode wurden verschiedene Ausprägungsgrade entwickelt – die *Web Instructs*, das klassische *WebQuest* und die *Open Inquiry Projects* – wobei alle Autoren, egal welchen Ausprägungsgrades, Lernen als aktiven und konstruktiven Begriff verstehen. Die *Web Instructs* eignen sich bereits für Lernende im Grundschulalter. Sie sind geprägt von einer ganz klaren, eher linearen Führung. Lernende sollten hierfür lesen und im Internet navigieren können. Sie sind im Grunde genommen eine reduzierte Form des klassischen *WebQuest*, die *Open Inquiry Projects* hingegen sind eher im Bereich der Universitäten angesiedelt. Offene Aufgabenstellungen, selbstbestimmtes Lernen sowie Freiheit in den Präsentationsformen sind nur einige Aspekte, welche diese Form der WebQuests auszeichnen.

Die sechs Phasen eines klassischen WebQuest

Neben *Bernie Dodge* und *Tom March* haben sich auch im deutschsprachigen Raum verschiedene Wissenschaftler mit der Methode beschäftigt. Zu nennen sind hier exemplarisch *Heinz Moser* (Pädagogische Hochschule Zürich), *Christine Bescherer* (Pädagogische Hochschule Ludwigsburg), *Wolf-Rüdiger Wagner* oder *Christof Schreiber*, *Hannah Kromm* und *Julia Langenhan* (Justus-Liebig-Universität Gießen). Sie alle haben Erfahrungen mit der Erstellung und Erprobung von WebQuests gesammelt. Sie haben sich von *Dodge* und *March* inspirieren lassen und teilweise eigene Formate entwickelt oder Schwerpunkte gesetzt. Ausgangspunkt ist aber immer eine sechsphasige Struktur, welche dem entdeckungsorientierten Lernen dient:

WebQuests in der Schule

① Einführung/Thema
② Aufgabe
③ Vorgehen/Prozess
④ Quellen/Ressourcen/Materialien
⑤ Präsentation
⑥ Bewertung/Evaluation/Fazit

① **Einführung/Thema:** Hier werden den Lernenden Hintergrundinformationen bereitgestellt, welche in das Thema selbst einführen. Sie sollen Neugierde wecken und Motivation zum Bearbeiten des Inhaltes erzeugen. Dieser Teil ist als Türöffner in den Lern- oder Untersuchungsprozess zu verstehen. Geeignet sind kleine Geschichten, eine Problemstellung oder ein Forschungsszenario.

② **Aufgabe:** Hier erhalten die Lernenden eine Mission, die sich auf die Einführung bezieht. Die Aufgabe setzt das Ziel der Recherche. In den meisten Fällen handelt es sich um eine einzelne Frage, zu der die Lernenden Informationen sammeln und im Nachgang analysieren sollen.

③ **Vorgehen/Prozess:** Dieser Teil des WebQuest klärt die Schritte, die die Lernenden ausführen sollen, um die Aufgabe zielführend zu lösen. Es können auch Hilfen oder Zeitvorgaben bereitgestellt werden. Zusätzlich lassen sich die Bewertungskriterien festlegen.

④ **Quellen/Ressourcen/Materialien:** In diesem Bereich finden die Lernenden die für die Lösung erforderlichen Webseiten (Links), Bilder, Videos/Videosequenzen und Dokumente. Diese können von den Lernenden während der Bearbeitung verwendet werden. Hier findet sich das eigentliche Potenzial der WebQuests. Durch die von der Lehrperson vorsortieren Links können die Lernenden diese zielsicher aufrufen und sich mit den Lerninhalten auseinandersetzen, ohne sich im Netz zu verlieren.

⑤ **Präsentation:** Hier werden entsprechend der Aufgabenstellung die Ergebnisse aus dem WebQuest präsentiert.

⑥ **Bewertung/Evaluation des Lernprozesses/Fazit:** In vielen Fällen möchten Lehrende die Arbeit der Kinder bewerten. In diesem Abschnitt werden daher die Bewertungskriterien klar, fair, konsistent und spezifisch umrissen. Zudem sollten sie für die Lernenden leicht verständlich sein. Im Bereich der Evaluation nutzen die Lernenden Feedback und reflektieren über ihren Lernprozess: „Was habe ich gelernt?", „Was ging gut?", „Was hat geholfen?", „Wo hatte ich Schwierigkeiten?" Die Lehrperson fasst abschließend den Prozess zusammen und begründet Entscheidungen.

WebQuests in modifizierter Form

Die Kinder werden im Zuge der Bearbeitung vom Lehrenden auf ausgewählte Seiten im Internet geführt und haben die Aufgabe, dort die entsprechenden Inhalte zu entnehmen und für eine Präsentation aufzubereiten. Dies kann in Einzel-, Gruppen- oder Partnerarbeit oder in Lernformen, wie wir sie vom Selbstorganisierten Lernen (SOL) kennen, erfolgen. Dabei soll das WebQuest so gestaltet sein, dass es sich um ein projektorientiertes Unterrichtsszenario handelt, das sowohl Quellen aus dem Internet als auch „Offline-Quellen" nutzt. Dies können z.B. Bücher aus der Bibliothek oder Zeitschriften und Zeitungsartikel sein. WebQuests können kurzfristig (einen Tag) und längerfristig (über mehrere Wochen) angelegt sein. Im Internet finden sich zahlreiche WebQuests für den Primarbereich, die „PrimarWebQuests". Diese Form, wie sie von *Schreiber*, *Kromm* und *Langenhan* modifiziert wurde, lässt sich auch über die Primarstufe hinaus leicht in den Unterricht implementieren.

WebQuests in der Schule

Aufbau der PrimarWebQuests

Einführung	Sie dient der Hinführung zum Thema und soll Interesse wecken.
Projekt	Das Projekt vereint die beiden klassischen Kategorien „Aufgabe" und „Vorgehen".
Anforderung	Hier erfahren die Lernenden, welche Anforderungen an eine gelungene Arbeit gestellt werden. Auch Bewertungsbögen als Grundlage für eine spätere Einschätzung der Arbeitsergebnisse (Bewertungsgespräch) können hier abgebildet/verlinkt werden.
Quellen	In diesem Bereich finden sich alle Online-Quellen und auch Hinweise zu Offline-Angeboten.
Ausblick (ersetzt die ursprüngliche Kategorie „Fazit")	Der Ausblick ist nicht als Anhängsel zu verstehen, vielmehr bildet er mit der Einleitung eine didaktische Klammer und stellt einen Anschluss an die Lebenswirklichkeit sicher.

Zusätzlich bieten die Internetseiten zur Generierung von PrimarWebQuests auch Informationen (didaktisch-methodische Hinweise, Hinweise zum Umgang mit PrimarWebQuests, Erstellen eigener WebQuests, Hinweise zu den Quellen und zur Sache) für Lehrende.

Potenziale von WebQuests

Immer wieder werden Fragen nach dem Mehrwert neuer oder digitaler Medien laut. Mit einer wachsenden Infrastruktur im Bereich des Netzausbaus, wie wir sie gegenwärtig erleben, werden sich die Möglichkeiten des Zugangs zu sehr stabilen Internetanbindungen deutlich verbessern. Flankiert wird dies durch die ständig steigende Verfügbarkeit von mobilen Endgeräten auf Seiten der Lernenden und Lehrenden. Auf dieser Basis lassen sich die Ressourcen des Internets im schulischen Kontext zunehmend besser nutzen. WebQuests bieten hier eine hervorragende Möglichkeit, den Unterricht methodisch und inhaltlich zu bereichern. Sie können quasi eine Renaissance erleben, denn zu keinem Zeitpunkt vorher waren die Bedingungen zur Nutzung des Internets so gut. Es lohnt sich also, über den Einsatz nachzudenken. Zu den Potenzialen von WebQuests im unterrichtlichen Einsatz gehören folgende Aspekte:

- Sie erweitern die Methodenvielfalt im Bereich des Einsatzes digitaler Medien in der Schule, an der Universität oder im Rahmen der Lehrkräftebildung.
- Sie bieten durch die eigene Bereitstellung fachspezifischer Inhalte ein „störungsfreies" Lernen und eignen sich für kompetenzorientiertes, selbstgesteuertes und selbstorganisiertes Lernen.
- Sie können an individuelle Lernvoraussetzungen und Kompetenzen gut anknüpfen.
- Sie eignen sich für die Einzel-, Partner- und Gruppenarbeit.
- Die Aufgabenstellung ist klar, kurz und nachvollziehbar gestaltet.
- Alle wesentlichen Inhalte sind in das Lernangebot integriert.
- Eine geführte Anweisung und Instruktion liegt vor.
- Bei Bedarf werden hilfreiche Links zur Vertiefung/Differenzierung angeboten (ergänzender Charakter).
- Es besteht die Möglichkeit des Präsentierens von Schülerleistungen.
- WebQuests sind geräte- und betriebssystemunabhängig.

WebQuests in der Schule

- 👍 Sie sind unabhängig von Zeit und Ort.
- 👍 Sie bieten bei Bedarf klare Zeitvorgaben.
- 👍 Es gibt bei komplexen Anforderungen Handreichungen/Helpdesks/Hinweise für die Lehrkraft.
- 👍 Es besteht ein ausgewogenes Verhältnis zwischen Texten und Bildern.

Anforderungen an die Lernenden

Unter dem Aspekt der Medienkompetenz:	Unter dem Aspekt der personalen Kompetenz:
• Suchen von Informationen • Austauschen von Informationen • Verarbeiten von Informationen • Präsentieren von Informationen	• Lesekompetenz • Eigenes Wissen erweitern • Eigene Fähigkeiten und Stärken ausbauen • Meinungsbildung
Unter dem Aspekt der sozialen Kompetenz:	**Unter dem Aspekt der Methodenkompetenz:**
• Austausch und Lernen mit anderen Mitgliedern der Gruppe • Einfühlungsvermögen und Toleranz • Selbst- und Fremdmotivation • Arbeitsteiliges Vorgehen bei komplexen Problemstellungen • Übernahme von Verantwortung in der Arbeitsgruppe	• Eigenverantwortlicher Umgang mit der Weboberfläche und den Materialien • Mitwirkung am Lernprozess • Gestaltung des eigenen Lernprozesses

Das eigene WebQuest generieren

Der Begriff „WebQuest" verweist direkt auf den Ort des Lernangebotes, das Internet. WebQuests sind Dokumente, in denen Hyperlinkstrukturen integriert sind. I.d.R. sind es Webseiten mit entsprechenden Verlinkungen. Im Netz finden sich verschiedene WebQuest-Generatoren. Diese sind nicht durchgängig komfortabel, lassen sich aber ohne HTML-Vorkenntnisse bedienen. Hier zwei Beispiele, die sich gut im Netz finden lassen:

- Easywebquest
- PrimarWebQuest-Generator der Zentrale für Unterrichtsmedien (ZUM)

Auch Autoren-Tools oder Lernplattformen wie *Moodle, Stud.IP, ILIAS* o.Ä. bieten gute Möglichkeiten, WebQuests online zu erzeugen. Zudem lässt sich für den interessierten Anwender *H5P* (im Web unter: https://h5p.org) in die Lernmanagementsysteme einbinden. Generell besteht aber auch für den nicht ganz so webaffinen Lehrenden, der ein WebQuest erstellen möchte, die Möglichkeit, auf Word-Dokumente oder PowerPoint-Präsentationen zurückzugreifen. Diese Programmoberflächen sind den meisten vertraut, was zu brauchbaren Ergebnissen hinsichtlich der Gestaltung führt.

Entscheidet man sich für die Arbeit mit papiergebundenen Dokumenten, die sich zugleich am Bildschirm oder auf dem Tablet lesen lassen, bietet es sich an, die einzelnen Quellen (Links) als QR-Code einzubinden. So können Lernende per Scan durch ein mobiles Endgerät schnell und unkompliziert auf die Verlinkungen zugreifen.

Im Folgenden werden exemplarisch WebQuest-Seiten zum Thema *„Löwenzahn – eine tierisch tolle Pflanze"* gezeigt. Erstellt wurden die Seiten mit *H5P* aus der Lernplattform *Moodle* heraus. Die Aufteilung zeigt aber deutlich, dass dies auch mit einer PowerPoint-Präsentation o.Ä. möglich wäre.

WebQuests in der Schule

① Übersichtsseite zum WebQuest „Löwenzahn"

Thema:
Löwenzahn – eine tierisch tolle Pflanze

Fach: Sachunterricht

Klassenstufe: 2 bis 3 und höher

Inhalt: Wissenswertes rund um die Pflanze Löwenzahn

angestrebte Kompetenz: Die Lernenden lernen die Pflanze Löwenzahn kennen, indem sie das WebQuest bearbeiten. Sie haben Kenntnisse über Aufbau und Verwendungsmöglichkeiten.

Lernvoraussetzungen: keine

Bearbeitungszeit: 55 Minuten

Die Zeitangaben sind geschätzte Werte und können variieren.

◂ 2 / 8 ▸

② Projekt und Aufgabe

Projekt

Diese Blume hast du bestimmt schon oft gesehen. Sie blüht fast das ganze Jahr. Im Frühling bedecken besonders viele ihrer gelben Blüten die Wiesen. Und wenn die einzelnen Blüten verblüht sind, siehst du jede Menge Pusteblumen.

Was weißt du schon über diese Pflanze? Hier kannst Du noch mehr erfahren.

Aufgabe

Informiere dich auf diesen Seiten über den Löwenzahn und lerne ihn noch besser kennen. Fertige in Partner- oder Gruppenarbeit ein Poster an, auf dem euer neues Wissen präsentiert wird. Ein kleiner Vortrag soll die Präsentation unterstützen. Viel Erfolg!

◂ 3 / 8 ▸

③ Anforderung

Experten arbeiten so:
- sie lesen die Texte genau
- sie arbeiten gemeinsam, besprechen wichtige Dinge, helfen sich und teilen sich die Arbeit auf
- sie arbeiten konzentriert und ordentlich und fragen nach, wenn sie ein Problem haben

Poster haben:
- eine große Überschrift sowie kurze und knappe Texte, die gut lesbar sind
- viele Bilder (fast die Hälfte können Bilder sein) – diese können gedruckt oder selbst entworfen sein
- sind nicht überladen (nicht zu voll; ausgewählte Farben, gut überschaubar)

◂ 4 / 8 ▸

WebQuests in der Schule

④ Quellen mit Zusatzangebot

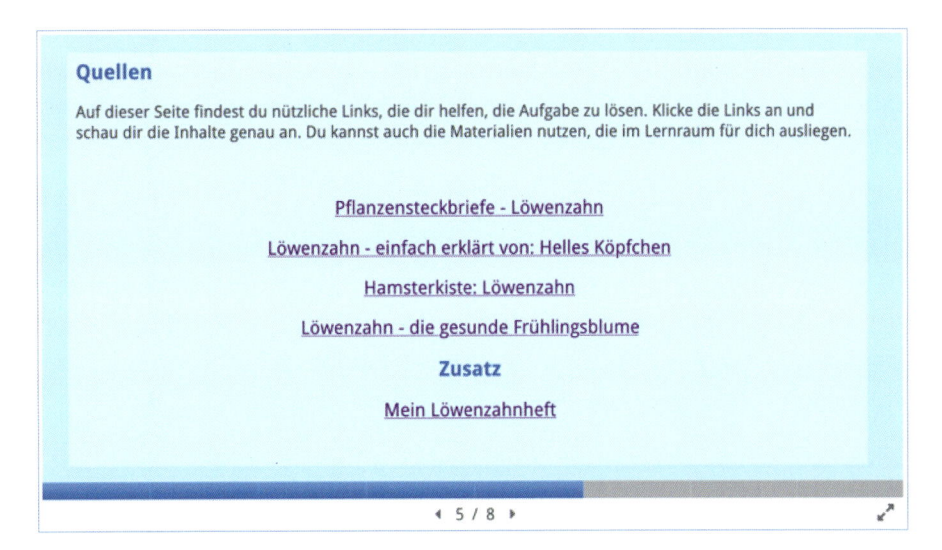

Quellen

Auf dieser Seite findest du nützliche Links, die dir helfen, die Aufgabe zu lösen. Klicke die Links an und schau dir die Inhalte genau an. Du kannst auch die Materialien nutzen, die im Lernraum für dich ausliegen.

Pflanzensteckbriefe - Löwenzahn

Löwenzahn - einfach erklärt von: Helles Köpfchen

Hamsterkiste: Löwenzahn

Löwenzahn - die gesunde Frühlingsblume

Zusatz

Mein Löwenzahnheft

◀ 5 / 8 ▶

⑤ Ausblick

Ausblick

Du hast viel über die Pflanze Löwenzahn erfahren. Du hast ein Poster gestaltet und vielleicht auch schon deine Ergebnisse präsentiert. Du hast erfahren, wie der Löwenzahn als Pflanze aufgebaut ist, wie die einzelnen Teile der Pflanze heißen, wann er blüht und vieles mehr...

Vielleicht hast du auch erfahren, was man mit dem Löwenzahn alles machen kann. Da gibt es nette Ideen...

Wenn du Zeit und Lust hast, kannst Du ja so einen Löwenzahnkranz basteln oder ein Fensterbild. Du darfst aber auch selbst ganz kreativ sein und dir etwas eigenes ausdenken...

Auf den beiden nachfolgenden Seiten haben wir zwei Videos eingebunden.

Viel Spaß beim Schauen!

◀ 6 / 8 ▶

⑥ Exemplarische Zusatzseite zur Differenzierung

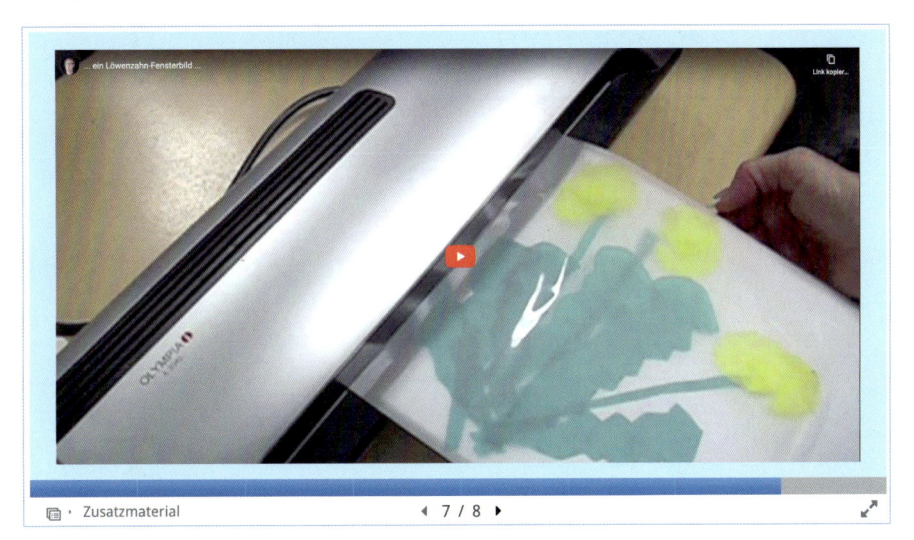

Zusatzmaterial   ◀ 7 / 8 ▶

WebQuests in der Schule

WebQuests – Kleine Stolpersteine und einfache Lösungen

Der Aufbau, ob nun klassisch oder in modifizierter Form, sollte für Lehrende und Lernende gleichermaßen keine Hürde darstellen. Es ist eine Struktur, mit der sich verlässlich arbeiten lässt. Lehrkräfte müssen, so könnte man denken, hierfür allein die Bereitschaft mitbringen, sich auf diese Methode einzulassen, ihren Unterricht für digitale Angebote öffnen und selbst Lernangebote generieren. Doch reicht das aus? Worin bestehen weitere Stolpersteine und Lösungen, um WebQuests zielführend einzusetzen?

- Die Bearbeitung eines WebQuest braucht ein stabiles Netzwerk mit Internetanbindung. Im Zuge des Voranschreitens der Digitalisierung werden Schulen zunehmend digitale Lernangebote nutzen können. Ist die erste technische Hürde des Netzausbaus genommen und somit ein ubiquitärer Zugang zu digitalen Lernangeboten geschaffen, kann es losgehen.

- Das Erstellen eines einfachen WebQuest stellt keine große Herausforderung an die eigenen digitalen Kompetenzen dar. Hier sollte man zunächst keine zu hohen Ansprüche an die Gestaltung stellen. Bild-Text-Kombinationen, wie in den zuvor gezeigten Bildern, sind kein Muss. Auch das Einbinden von Videos ist nicht zwingend. Manchmal ist weniger mehr!

- Ein großer Stolperstein ist die Pflege der WebQuests. Denn nichts ist schädlicher als „tote" Links. Verlinkungen sind das Herzstück der Methode. Ohne sie ist das ganze Lernangebot nutzlos. Bevor WebQuests also den terminierten Einsatz im Unterricht finden, sollten von der Lehrperson die Verlinkungen gründlich getestet werden. Bei selbst erstellten WebQuests ist die Pflege leicht. Nutzt man Web-Angebote von Kolleginnen und Kollegen, mit denen keine Arbeitszusammenhänge bestehen, wird es schwierig, denn eine Kontaktaufnahme zur Autorin oder zum Autor ist nicht überall vorgesehen.

- Des Weiteren sollten Lehrpersonen, die WebQuests im Unterricht einsetzen wollen, die Verlinkungen unter realen Bedingungen, also in der Schule, testen. Heimische Router haben oftmals weniger restriktive Einstellungen als die Filtersoftware in der Schule. Können einzelne Verlinkungen nicht abgerufen werden, weil der Webfilter sie blockiert, reicht oftmals ein Gespräch mit der Administratorin / dem Administrator vor Ort oder der zuständigen Person am Medienzentrum.

Sind die Stolpersteine beiseite geräumt, steht dem Einsatz nichts mehr im Wege. Sie können als Lehrkraft, Coach oder Lernbegleiter/in den Lernprozess begleiten und sehen, wie Ihre Lernenden die Aufgaben bewältigen, Lösungen finden und Inhalte präsentieren. Wenn erforderlich, können Sie helfen oder Tipps geben. Ihre Lerngruppen werden es Ihnen danken. Viel Erfolg!

Die nachfolgend abgebildeten Formulierungen können unterstützend für die Kommunikation mit Eltern/Erziehungsberechtigten und Lehrkräften eingesetzt werden.

Vorlagen für Hinweise des WebQuests-Entwicklers

Allgemeine Informationen für Eltern, Erziehungsberechtigte oder betreuende Personen von Lernenden, die das WebQuest im Rahmen von Unterricht / Lernen auf Distanz (Fernunterricht) **bearbeiten.**

Liebe Eltern,

dieses WebQuest ist Teil einer Unterrichtsreihe / eines WebQuest-Angebotes / einer Aufgabensammlung des Faches X zum Thema Y und wurde speziell für die Lerngruppe Ihres Kindes / von Name bereitgestellt.

Ihr Kind / Name hat bereits folgende Vorerfahrungen: … .

Bei Fragen oder auftretenden Schwierigkeiten wenden Sie sich bitte an Name / Adresse / Mail / Telefonnummer / Videochat / … *(Ansprechpartner/Lehrkraft)*

Mit diesem WebQuest soll Ihr Kind / Vorname folgende Kompetenzen erreichen:

(Vorschläge:)

- Ihr Kind / Name soll wissen, wie … , indem es / sie / er … und später erworbenes Wissen anwenden / präsentieren / … kann.
- Es / Sie / Er soll sich in ihrer / seiner Gruppe absprechen können.
- Es / Sie / Er soll sein / ihr erarbeitetes Wissen angemessen mit einem Plakat / Erklärfilm / … präsentieren.
- …

Hinweise zur Sache

Dieses WebQuest beschäftigt sich mit dem Thema X.
(Hier kurz und knapp die Sache, um die es geht, beschreiben.)

Zu verwendende Quellen

→ Online-Quellen: …

→ Folgende Offline-Quellen werden bereitgestellt: *(Vorschläge)*

Autor

Name: _____ Vorname: _____

Beispiel: Textvorlage der Lehrkraft, die das WebQuest durchführen möchte – Elternbrief

Vorlagen für Hinweise des WebQuests-Entwicklers

Allgemeine Informationen für die Lehrkraft, die ein WebQuest mit Lernenden bearbeiten möchte.

Liebe Lehrkraft,

dieses WebQuest ist Teil einer Unterrichtsreihe / eines WebQuest-Angebotes / einer Aufgabensammlung des Faches X zum Thema Y und wurde speziell für Schülerinnen und Schüler einer zweiten / dritten / … / achten Jahrgangsstufe erstellt. Die Lerngruppe hat sich im Vorfeld mit … *(Inhalte)* beschäftigt.

Zielgruppen

- Lernende im Grundschulalter, die in der Lage sind, Texte sinnerfassend zu lesen und erste Erfahrungen im Umgang mit dem Internet haben, um die Quellen zu finden und zu bearbeiten.
- Lernende der Sekundarstufe, die in der Lage sind, …
- Das WebQuest kann in Einzel- / Partner- / Gruppenarbeit im Rahmen des … *(Projekt, Unterrichtsfach)* durchgeführt werden.
- Das WebQuest ist fächerübergreifend für die Fächer A / B / C konzipiert.

Lernziele & Kompetenzen

(Vorschläge:)

- Die Lernenden sollen wissen, wie … , indem sie … , um später ihr erworbenes Wissen anwenden / präsentieren / … zu können.
- Die Lernenden sollen sich in einer Gruppe absprechen können.
- Die Lernenden sollen ihr erarbeitetes Wissen angemessen mit einem Plakat / Erklärfilm / … präsentieren.
- …

Hinweise zur Sache

(Hier kurz und knapp die Sache, um die es geht, beschreiben (anlog einer Sachanalyse).)

Quellen

→ Online-Quellen: …
→ Folgende Offline-Quellen helfen dabei, wenn Sie diese zur Bearbeitung bereitstellen: *(Vorschläge und Materialen, die seitens der Lehrperson bereitgestellt werden können)*

Autor

Name: _____ Vorname: _____

Beispiel: Dokument (des Autors) für die Lehrkraft, die das WebQuest einsetzen möchte

Literatur und Links

- e-teaching.org (2016): WebQuest. Zuletzt geändert am 05.09.2016. Leibniz-Institut für Wissensmedien: https://www.e-teaching.org/lehrszenarien/pruefung/pruefungsform/webquest/index_html. Zugriff am 20.04.2020.

- Langenhan, J. & Schreiber, Chr. (2012): PrimarWebQuest – Projektorientiertes Lernen mit dem Internet in der Primarstufe. Baltmannsweiler: Schneider Verlag.

- Moser, H. (2008): Abenteuer Internet. Lernen mit Webquests. 2. überarbeitete Auflage. Baltmannsweiler: Schneider Verlag.

- Moser, H. (2008): Einführung in die Netzdidaktik. Lehren und Lernen in der Wissensgesellschaft. Baltmannsweiler: Schneider Verlag.

- Schreiber, Chr. & Kromm, H. (2020): Projektorientiertes Lernen mit dem Internet – PrimarWebQuest. Baltmannsweiler: Schneider Verlag.

- Universität Rostock (Hrsg.) (2008): Einführung E-Learning. Rostock. Lehrbrief von Patricia Arnold.

- von Specht, J. (2016): Erziehen, Beraten, Betreuen im Unterricht. WebQuest. URL: https://modulebb.wordpress.com/ueber/webquest/.

- Wagner, W.-R. (2007): WebQuest. Ein didaktisches Konzept für konstruktives Lernen. In: Computer und Unterricht. Seelze: Friedrich Verlag.

YouTube® im Unterricht

Axel Düringer

Vorwort

18 Sekunden oder aber 72 Stunden – mehr brauchte es nicht, um ein neues Zeitalter einzuläuten, das die Art und Weise, wie wir Videos und bewegte Inhalte im Netz konsumieren, nachhaltig veränderte.

Ganze 18 Sekunden dauert das allererste Youtube-Video, welches Mitbegründer Jawed Karim im Jahr 2005 in einem Zoo aufgenommen hat. Zu sehen sind lediglich er und einige Elefanten im Hintergrund. Die Banalität dieser Aufnahme steht geradezu sinnbildlich für den ursprünglichen Status von YouTube® als Plattform für Amateurfilmer. Dies sollte sich bereits ein Jahr später nachhaltig ändern, als Google® das aufstrebende Start-up für heute nahezu lächerlich anmutende 1,65 Milliarden Dollar kaufte. Der Deal wurde in gerade einmal 72 Stunden festgezurrt.

Wie entscheidend diese 72 Stunden die gesamte Medienwelt verändert haben, belegt ein Blick auf folgende Zahlen: YouTube® ist nach Google® die am zweitmeisten geklickte Webseite überhaupt. Die Plattform hat heute mehr als 2 Milliarden monatliche Nutzer[1], was fast ein Drittel aller Internetnutzer ist. Jede Minute werden auf YouTube® 400 Stunden Videomaterial hochgeladen und täglich 1 Milliarde Stunden an Videos angesehen.[2] Das bis dato (Jan 2021) meistgesehene Video ist das Musikvideo „Baby Shark Dance" von Pinkfong! Kids' Songs & Stories mit 7,58 Mrd. Klicks.

Aber vor allem eine weitere Zahl belegt den mittlerweile enormen gesellschaftlichen Einfluss von YouTube®. Im Jahr 2015 verbrachte die Gruppe der 18- bis 49-Jährigen durchschnittlich 4% weniger Zeit vor dem TV, während die Nutzungszeit auf YouTube® im selben Zeitraum um 74% anstieg. Dies zeigte schon vor Jahren eine tiefgreifende Veränderung des Nutzungsverhaltens – weg vom statischen Fernsehen und hin zu interaktiven, digitalen Plattformen. Die Vorteile liegen auf der Hand: YouTube® bietet eine schier unendliche Datenbank voller Inspiration, die zu jeder Zeit verfügbar sowie denkbar einfach zu erreichen und zu bedienen ist. Inhalte können in Sekundenschnelle geteilt und kommentiert werden. Obwohl die meistgesehen Clips überwiegend Musikvideos sind, ist die Vielfalt mittlerweile unüberschaubar. Von Filmtrailern, Do-it-yourself-Clips, Tutorials aller Art und Kochanleitungen über Lernvideos, Dokumentationen bis hin zu kompletten Filmen und Aufzeichnungen von Fernsehsendungen ist alles vorhanden. Im übrigen wird auch für Kinder im Grundschulalter genug geboten. Neben auch hier beliebten Musikvideos und Bastelanleitungen, finden sich zudem komplette Folgen beliebter Kinderserien wie „Paw Patrol" oder „Peppa Pig" auf YouTube®.

YouTube® ist schlicht und ergreifend zu einem allgegenwärtigen und sehr einflussreichen Bestandteil unserer Gesellschaft geworden. Wir suchen eine Weile Ablenkung von Alltag? YouTube® liefert. Wir suchen Inspiration? YouTube® regt uns an. Wir haben Fragen, so simpel oder komplex sie auch sein mögen? YouTube® antwortet. Dabei spielen zwei Zielgruppen beim Siegeszug der Plattform eine ganz besonders wichtige Rolle, Kinder und Jugendliche.

Im folgenden Kapitel soll zunächst das Phänomen YouTube®, v.a. hinsichtlich seiner Bedeutung für eben diese Zielgruppe, beleuchtet werden. Wie benutzen sie YouTube® und welchen Stellenwert hat der Global Player inzwischen beim Wissenserwerb von Kindern und Jugendlichen? Wie kann Schule davon profitieren? Der zweite Teil beschäftigt sich schließlich ganz konkret damit, wie Sie YouTube® gezielt und sicher im Unterricht einsetzen können – vom einfachen Zeigen eines Videos im Unterricht bis hin zum Erstellen Ihres eigenen Youtube-Kanals.

---

[1] Der besseren Lesbarkeit halber wird in diesem Beitrag nur die männliche Form verwendet. Sofern nicht anders gekennzeichnet, sind damit auch die weiblichen Formen jeweils mit eingeschlossen.
[2] vgl. https://www.youtube.com/intl/de/about/press/

Das Phänomen YouTube® – eine Einführung

YouTube® und die Jugend – vom Zeitfresser zum Nachhilfelehrer

Ich möchte Sie zu einem Experiment einladen:

Spielen Sie in einer beliebigen Unterrichtsstunde ein ABC-Spiel, bei dem die Kinder nach Festlegung einer speziellen Kategorie zu jedem Buchstaben im Alphabet einen Begriff aufschreiben müssen. Teilen Sie nun der Klasse mit, dass die heutige Kategorie „YouTuber" lautet.[3] Bei Fünft- und Sechstklässlern, aber vielleicht auch schon bei Kindern in der 4. Klasse, werden Sie sofort die leuchtenden Augen wahrnehmen und bemerken, dass diese es kaum abwarten können loszulegen. Lassen Sie nun einige Kinder ihre Ergebnisse vortragen und lehnen Sie sich zurück. Denn das dauert jetzt ein wenig. Ihre Klasse wird es geschafft haben, innerhalb weniger Minuten für jeden Buchstaben mindestens einen YouTuber auswendig aufzuschreiben und Ihnen die Ergebnisse mit großem Enthusiasmus in atemberaubender Geschwindigkeit vortragen. Und Sie? Sie kommen in den Genuss, für 2–3 Minuten nichts als Bahnhof zu verstehen.

Anhand dieses Beispiels lässt sich mühelos feststellen, welchen zentralen Stellenwert das gesamte „Youtube-Universum" in der Lebenswelt der Lernenden eingenommen hat. So ist es keine Überraschung, dass YouTube® in der Gunst der Nutzer zwischen 12 und 19 Jahren hinter Whatsapp auf Platz zwei liegt.[4] 41% der Befragten nutzen die Plattform mehrmals wöchentlich und 38% täglich oder mehrfach täglich. Wenn man sich die Gründe dafür ansieht, belegen Ablenkung und Unterhaltung die ersten beiden Plätze. Die beliebtesten Themen sind dabei Computerspiele und Fotografie sowie speziell für Mädchen Designen und Mode und für Jungen bspw. Graffiti und Comics. Insgesamt ist es ebenfalls interessant zu beobachten, dass ca. ein Drittel aller Befragten angibt, von den Videos „sehr inspiriert" zu werden.

Diese Tendenz lässt sich ebenfalls bei Kindern zwischen 6–13 Jahren beobachten, von denen zwei Drittel angeben, regelmäßige Internetnutzer zu sein. 41% der befragten Kinder geben dabei an, dass YouTube® ihre Lieblingsseite im Internet sei. Mit wachsendem Alter spielt YouTube® vor allem beim Konsum fernsehähnlicher Inhalte eine immer größere Rolle. Neben dem Konsum von kürzeren Videos, geben vor allem die etwas älteren Kinder (ab 10 Jahren) an, auch ganze Folgen ihrer Lieblingsserien auf YouTube® zu schauen.[5]

Allerdings ist auch die Wissenserweiterung ein wichtiger Grund. Für viele Kinder und Jugendliche spielt YouTube® bei der Vor- und Nachbereitung von Unterricht schon eine große Rolle, ziehen doch 50% der Nutzer eigenständig Erklärvideos für das schulische Lernen heran. Bei Kindern im Grundschulalter geben immerhin beachtliche 43% der Befragten an, mindestens einmal pro Woche mit dem Internet für die Schule zu lernen. YouTube® als Quelle belegt dabei nach Google den zweiten Platz, deutlich vor allen anderen Plattformen und Internetseiten.[6] Ein zentraler Aspekt ist für die Lernenden dabei, dass die Videos es besser verstünden, Unterrichtsinhalte unterhaltsam zu transportieren. Auch sei der Grundton dieser Videos immer positiv und gebe einem Vertrauen darin, das Gezeigte auch zu verstehen. Ein ebenfalls nicht zu unterschätzender Faktor

---

[3] „YouTuber" nennen sich diejenigen, die über einen eigenen Youtube-Account verfügen und aktiv Videos hochladen. Im engeren Sinne sprechen wir aber hier v.a. von solchen, die dies professionell betreiben und damit sogar ihren Lebensunterhalt verdienen.
[4] vgl. Rat für kulturelle Bildung: Jugend/YouTube®/kulturelle Bildung. Horizont 2019
[5] vgl. Medienpädagogischer Forschungsverbund Südwest: KIM Studie 2018 – Kindheit, Internet, Medien.
[6] vgl. KIM Studie 2018, S. 52.

ist, dass man Erklärvideos immer wieder von vorne starten und sich bei Bedarf einen anderen Erklärer, sprich einfach ein anderes Video, suchen könne.[7] Dies leuchtet absolut ein, denn wer möchte im Klassenraum schon gerne zugeben, dass er etwas nicht verstanden hat?

Zusammenfassend kann man deutlich festhalten, dass YouTube® für Jugendliche zu einem digitalen Leitmedium geworden ist und sich nicht mehr ausschließlich auf freizeitlichen Konsum beschränkt, sondern auch bei Fragen nach Information, Orientierung und Bildung herangezogen wird.[8] Dies gilt in zunehmender Form auch für Kinder im Grundschulalter, deren spezifisches Nutzungsverhalten die Relevanz von YouTube® als Unterstützungsangebot im schulischen Kontext deutlich unterstreicht.

YouTube® in der Schule? Eine (auch) kritische Auseinandersetzung

So eindrucksvoll und belegbar der rasante Erfolg von YouTube® in den letzten Jahren ist und so sehr die Vorteile dieser Plattform auch auf der Hand liegen, ergeben sich dennoch einige Aspekte, die es beim Umgang mit YouTube® in der Schule kritisch zu beleuchten gilt. Am Ende des Beitrags finden Sie daher auch ein Infoblatt für Kinder und deren Eltern zum Thema „Sicher unterwegs im Internet – YouTube®".

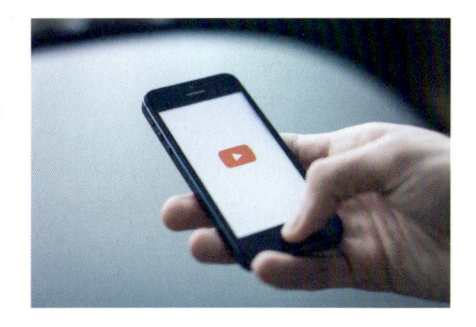

Erstens kommt man nicht umhin, klar zu konstatieren, dass YouTube® (ähnlich wie Instagram®, TikTok oder Snapchat®) dafür konzipiert ist, Nutzer möglichst lange auf der eigenen Seite zu halten und zu einer möglichst langen Nutzungszeit zu animieren. Schließlich ist die Plattform werbebasiert und so werden den Nutzern beim Stöbern zielgerichtet für sie passende Produkte präsentiert – je mehr, desto besser. Bei YouTube® geschieht das v. a. durch zwei simple Mittel:

Zum einen werden den Nutzern basierend auf ihren Sehgewohnheiten fortwährend weitere Videos aus ähnlichen Themenbereichen an prominenter Stelle auf dem Bildschirm angezeigt. Allerdings kann man nicht erwarten, dass wenn man sich ein Mathe-Erklärvideo angeschaut hat, dort nur weitere Videos zu diesem Unterrichtsfach präsentiert werden. Vielmehr kennt YouTube® sämtliche Interessen der Nutzer und bespielt die gesamte Palette. Und so schließt sich dem ersten Video evtl. noch ein zweites zum Thema Mathe an. Irgendwann landet man aber u. U. bei dem Trailer für die neueste Spielekonsole oder einem Mode-Blog.

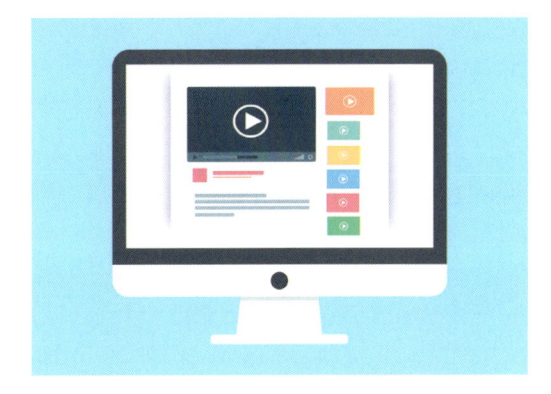

Noch wirksamer ist zum anderen die automatisch aktivierte Funktion „Autoplay". Diese startet einfach nach dem Ende eines Videos direkt das nächste. Hauptsache, der Laptop wird nicht schon nach fünf Minuten wieder zugeklappt oder das Handy beiseitegelegt. Ein weitaus größeres Problem ist hier allerdings, dass die neuen, automatisch gestarteten Videos mitunter überhaupt nichts mehr mit dem ursprünglich gewählten Thema zu tun haben, sondern Kinder und Jugendliche teils sogar mit Inhalten konfrontieren, die sie nicht sehen wollen oder sollen. Besonders bei kleineren und somit sensibleren Kindern ist diese Gefahr absolut nicht zu unterschätzen. Im Prinzip kann jeder etwas auf YouTube® hochladen. Es gibt zwar gewisse Filter,

---

[7] vgl. www.deutschlandfunkkultur.de: „Was ein Lehrer von Erklärvideos hält"
[8] vgl. www.faz.net: „Die Jugend lernt mit Youtube"

Das Phänomen YouTube® – eine Einführung

diese bieten allerdings nicht genügend Schutz. So gab es bereits dokumentierte Fälle, bei denen Videos von beliebten und eigentlich altersgerechten Kindervideos mit Angst machenden und brutalen Inhalten ergänzt wurden. Der Schock von Kindern, die beim Schauen einer Folge „Paw Patrol" völlig unvermittelt einen hineinmanipulierten, gruseligen Inhalt zu sehen bekommen, kann nachhaltige Wirkung haben. Aus diesem Grund ist eine qualitative Prüfung des jeweiligen Inhalts im Grundschulbereich von entscheidender Bedeutung.

Zweitens darf man bei aller Wertschätzung für das Potenzial der Plattform (auch für den Bildungsbereich) nicht vergessen, dass YouTube® zuallererst eine Plattform ist, bei der einzelne Personen, die sog. Influencer, Geld verdienen wollen. Thomas Krüger, Präsident der Bundeszentrale für politische Bildung und Mitglied des Rates für kulturelle Bildung fordert in der Studie von 2019: „Gerade Influencer, deren zugeschriebene Glaubwürdigkeit bei den Jugendlichen als Währung gelte, müssten in ihren Geschäftsmodellen im Unterricht kritisch reflektiert werden. [...] Medienkritik und Medienökonomiekritik ist auch Teil der Medienbildung in der Schule."[9]

Drittens bleibt noch zu erwähnen, dass man sehr genau die Qualität und Seriosität einzelner Videos überprüfen müsse. Hier gebe es doch große Unterschiede, was den Gehalt und die inhaltliche Korrektheit der Clips angehen. Die Studie schlussfolgert, dass YouTube® nun mal kein pädagogisches Medium sei und demzufolge auch nicht pädagogisch gesteuert werden könne.[10]

Allerdings ergibt sich daraus mitnichten die Konsequenz, YouTube® zu ignorieren bzw. aus dem Unterrichtsalltag zu verbannen. Im Gegenteil: In Bezug auf die Prüfung der Qualität einzelner Videos verhält es sich ja bei YouTube® nicht anders als bei traditionellen Printmedien, wo es zur selbstverständlichen Unterrichtsvorbereitung gehört, eine Aufgabe, einen Zeitungsartikel oder eine Lektüre auf ihre Eignung für den Unterricht hin zu überprüfen. An diesem Prozess sollte man Grundschulkinder unbedingt teilhaben lassen. Warum geben Sie ihnen nicht die Aufgabe, ein geeignetes Lehrvideo zu einem bestimmten Thema zu suchen, und schauen sich die Vorschläge gemeinsam in der Klasse an, um Kriterien für die Qualität festzulegen sowie die ausgesuchten Videos anhand dessen zu bewerten?

Für den Grundschulbereich erscheinen zwei weitere Aspekte von besonderer Bedeutung. Zum einen sollte die Nutzung von YouTube® sowohl im Klassenzimmer als auch zu Hause stets begleitet erfolgen. Hierzu ist auch die umfassende Information der Eltern sinnvoll (siehe hierfür https://www.internet-abc.de/eltern/youtube-kinder-gefahren/). Zum anderen sollte, wann immer möglich, auf die Plattform YouTube Kids® zurückgegriffen werden. Bei diesem kindgerechten Ableger ist die Gefahr, mit ungeeigneten und Angst machenden Inhalten konfrontiert zu werden, deutlich geringer.

Gerade in Zeiten von Fake News, Bots und gezielter Meinungsmache ist es für Schulen und Lehrkräfte eine unabdingbare Aufgabe, auch Grundschulkinder zu einer Medienkompetenz zu erziehen, die es ihnen erlaubt, Wichtiges von Belanglosem zu filtern, seriöse Quellen zu erkennen und Wirkabsichten gängiger Internetplattformen zu begreifen sowie kritisch zu hinterfragen. Zudem erreicht man durch den Einsatz von YouTube® im Unterricht eine hohe Schülerorientierung und erzielt zweifelsohne eine erhöhte intrinsische Motivation, indem man unmittelbar an die Lebenswelt andockt.

---

[9] Rat für kulturelle Bildung: Jugend/YouTube/kulturelle Bildung. Horizont 2019
[10] vgl. ebd.

Das Phänomen YouTube® – eine Einführung

Der Einsatz von YouTube® im Unterricht: Einsatzmöglichkeiten, Beispiele, Tipps

Nachdem Sie nun einen ersten Überblick über das Phänomen YouTube® erhalten haben, beschäftigt sich dieser Abschnitt nun ganz konkret damit, wie Sie die Plattform im Unterricht einsetzen können. Gründe und Möglichkeiten gibt es dafür jedenfalls zahlreiche. Neben allgemeinen Tipps für den eigenen Unterricht gibt es zudem noch ein anschauliches Unterrichtsbeispiel für den Englischunterricht in der 4. Klasse. Abschließend finden Sie eine Liste mit empfehlenswerten Inhalten, Videos und Youtube-Kanälen für diverse Unterrichtsfächer, welche allesamt von Lehrkräften bzw. Lernenden getestet und für gelungen befunden wurden.

Youtube-Videos als Input für den Unterricht

Sie kennen das Problem: Bei der Vorbereitung einer Unterrichtsstunde sind Sie mal wieder auf der Suche nach einem guten Einstieg. Motivierend soll er sein und Ihre Stunde ins Laufen bringen, dabei Fragen aufwerfen, ein Gespräch anregen oder ein Problem offenbaren, das es zu lösen gilt. Youtube-Videos eignen sich hierfür hervorragend, bilden sie doch ein Stück Lebenswelt und Realität ab. Genauso wie Sie zu einem bestimmten Thema ein Bild, einen Cartoon oder einen Zeitungsartikel finden werden, so werden Sie mit Sicherheit auch bei YouTube® fündig. Die Plattform ist voll mit Erklärvideos zu verschiedensten Themen, Beiträgen aus Kindernachrichtensendungen sowie lehrreichen Videoausschnitten aus „Die Sendung mit der Maus", „Löwenzahn", „Checker Tobi" und vielem mehr.

Zeigen Sie im Sachunterricht den Lernenden anschaulich, wie das Riechen so funktioniert und nehmen Sie Ihre Klasse mit auf eine Reise durch die Nase (zu finden unter den Suchbegriffen: Riechen – Nase – Sachkunde – Schulfilm). Oder lernen Sie mit den Kindern spielerisch die Bundesländer und deren Hauptstädte (zu finden unter den Suchbegriffen: die 16 Bundesländer – Kinderlieder zum Lernen).

Im Fach Deutsch bietet es sich beim Thema Märchen wunderbar an, mit den liebevoll animierten und erzählten Kurzversionen sämtlicher bekannter Märchen des YouTube-Kanals „Deine Märchenwelt – Märchen, Geschichten und Sagen" einzusteigen.

Im Fach Englisch dürften die Lernenden große Freude an den kleinen Geschichten des Kängurus Sally haben, in denen auf spielerische Art und Weise der Wortschatz zu verschiedensten Themenbereichen zum Leben erweckt wird (zu finden unter den Suchbegriffen: Sally – Englisch – Grundschule).

Oder aber Sie nehmen die Kinder mit auf eine kurze Bewegungsreise in den Dschungel – und das mitten im Klassenraum. Die lustigen und kindgerechten Sporteinheiten des YouTube-Kanals „Bewegung macht Spaß" bieten hierzu vielfältige Gelegenheiten.

Bei der Auswahl eines Videos müssen Sie übrigens keinerlei Bedenken bezüglich einer Urheberrechtsverletzung o. Ä. haben, da YouTube® lediglich Videos anbietet, deren Rechte es auch besitzt. Das Zeigen von Youtube-Videos über die Internetverbindung im Klassenraum ist somit rechtlich kein Problem.[11]

---

[11] Was das Herunterladen und Zeigen von kopierten Youtube-Videos im Unterricht angeht, ist die Rechtslage nicht ganz eindeutig, weswegen hierzu in diesem Beitrag keine Empfehlung abgegeben werden kann.

Das Phänomen YouTube® – eine Einführung

Youtube-Videos als Quelle für Referate oder zum selbstständigen Wiederholen

Auch für diesen Bereich sind Clips von YouTube® durchaus interessant. Qualitativ gut gemachte Videos bieten sich ideal als Quelle für ein Referat an, beispielsweise um sich thematische Anregungen für den eigenen Vortrag zu holen. Oftmals kann ein Youtube-Video zudem eine gute Ergänzung zu einer klassischen Print- oder Onlinequelle sein. Viele Erklärvideos verstehen es, auch komplexe Inhalte möglichst einfach zu vermitteln. Dies hilft auch bereits Grundschulkindern bei der persönlichen Durchdringung von Sachinhalten und unterstützt sie, das eigene Thema gut verständlich zu präsentieren.

Bei der Vorbereitung für Klassenarbeiten können Sie ebenso auf die Internetplattform zurückgreifen. Als Ergänzungen zu Erklärungen in Schulbüchern oder eigenen Aufzeichnungen kann es ungemein effektiv sein, sich nochmals gezielt Videos zur Unterstützung anzuschauen. Wählen Sie im Vorfeld geeignete Clips aus und führen diese z.B. auf dem Lern-/Themenzettel für die nächste Arbeit auf. Noch motivierender kann es bei etwas älteren Grundschulkindern mit eigenem Handy sein, anstelle des bloßen Titels eines Videos den Link in Form eines QR-Codes® abzudrucken. Diesen können die Kinder in Sekundenschnelle mit der handyeigenen Kamera scannen, um direkt zum betreffenden Video geleitet zu werden.

Das Erstellen eines QR-Codes® ist dabei denkbar unkompliziert. Kopieren Sie einfach den Link eines beliebigen Videos. Besuchen Sie anschließend beispielsweise die Webseite www.qrcode-generator.de. Fügen Sie den Link in das entsprechende Feld ein und klicken Sie auf „Download". Schon wird Ihr Code automatisch generiert und Ihnen nach ein paar Sekunden angezeigt. Speichern, auf Ihrem Arbeitsblatt einfügen – und fertig ist ein interaktiver Lernzettel!

YouTube® als Plattform für Lernergebnisse

Die Lernenden haben ein Experiment durchgeführt und präsentieren es nun der Klasse. Die Präsentation ist ein voller Erfolg, sowohl die Lehrkraft als auch der Rest der Lerngruppe sind begeistert. Nur zu verständlich ist es da, dass sich auch die präsentierende Gruppe ihren Erfolg gerne nochmal anschauen oder voller Stolz ihren Eltern zeigen möchte. Hier wäre es möglich, dass sich die Gruppe während ihres Vortrages mit dem Handy filmen lässt (das explizite Einverständnis der Kinder sowie der Eltern vorausgesetzt).

Viele weitere Ideen lassen sich für jegliche Unterrichtssituationen finden. In jedem Fall bietet sich YouTube® als Medium an. Denn als Alternative müssten Sie entweder jedem interessierten Kind die Videos und Dateien per USB-Stick überspielen, was ziemlich umständlich ist. Oder aber das Teilen über spezielle Lernplattformen scheitert an genügend Speicherkapazitäten, sodass das Herunterladen von Videos oft ewig dauert. YouTube® wiederum bietet ausreichend Kapazitäten: Videos sind in Windeseile hochgeladen, geteilt und angeschaut. Mit Blick auf den Datenschutz bietet die Plattform beispielsweise die Möglichkeit, ein Video als „nicht gelistet" einzustellen. Dies bedeutet nichts anderes, als dass sich nur diejenigen Personen ein Video anschauen können, die auch über den entsprechenden Link verfügen. Dadurch kann es nicht „online" gesucht werden. Dadurch ist es möglich, das Video einer begrenzten Zielgruppe, z.B. einer Lerngruppe oder Eltern, zur Verfügung zu stellen, bevor es von Ihnen wieder gelöscht wird.

Das Phänomen YouTube® – eine Einführung

Ein Aufgabenbeispiel für die 4. Klasse in Englisch

Zur weiteren Inspiration möchte hier ein Unterrichtsbeispiel für das Fach Englisch skizzieren. Die Aufgaben beziehen sich auf das Thema *winter, winter clothes, warm clothes* und sind für Lernende der Jahrgangsstufe 4 gedacht.

Im Mittelpunkt steht das Video „Sally in the snow" (dieses kann über den Titel des Videos bei YouTube® gefunden werden). Im Video baut das Kanguru Sally draußen im Schnee einen Schneemann. Es muss allerdings immer wieder von seiner Mutter ermahnt werden, sich doch wärmere Kleidung anzuziehen. Im Folgenden werden die winterlichen Kleidungsstücke sowie die dazugehörigen Farben sehr anschaulich und gut verständlich animiert.

Als Warm-Up bietet es sich an, bestimmte Vokabeln aus den oben genannten Wortfeldern einzuführen (z. B.: *snow, snowflake, snowman, jacket, pullover, boots, scarf, gloves*). Anschließend erhalten die Lernenden passend dazu einige *jumble words*, die sie in die richtige Reihenfolge bringen müssen.

Nach dem ersten Ansehen des Videos erfolgt zunächst eine Sicherung des Globalverständnisses. Den Lernenden können dafür Szenen aus dem Video mittels Screenshots präsentiert werden, welche sie in die richtige Reihenfolge bringen sollen.

In einem zweiten Schritt ist die Festigung und Vertiefung der im Video eingeführten Vokabeln und Farben vorgesehen. Dabei erhält die Klasse die Aufgabe, Sallys Kleidungstücke den richtigen Farben zuzuordnen. Bei Bedarf können hierfür, die entsprechende Szene auch mehrfach angeschaut werden.

Lehrerschmidt, Terra-X, Bewegung macht Spaß & Co. – sehenswerte YouTube-Videos und -Kanäle als Anregungen für den Einsatz im Unterricht

Mathematik:	*Lehrerschmidt* – Wenn es eine Empfehlung gibt, dann diese. Lehrer Kai Schmidt alias „Lehrerschmidt" widmet sich allen mathematischen Themen der 1.–9. Klasse. Alles wird sehr gut verständlich erklärt. 814 000 Abonnenten können nicht irren.
Deutsch:	*Ivi-Education* – Hier werden unter anderem grundlegende Grammatikthemen sehr langsam und sehr verständlich erklärt. Zudem gibt es weitere Videos zu den Fächern Mathematik, Musik, Biologie uvm.. Insgesamt hat der Kanal schon beinahe 10 Millionen Videoaufrufe generiert.
Englisch:	*Tinyschool* – Tinyschool bietet eine Vielzahl an niedlich animierten Musikvideos mit tollen englischen Songs zum Lernen und Mitsingen. Es gibt aber auch animierte Kurzfilme zur Verbesserung und Erweiterung des englischen Wortschatz.
Sachunterricht:	*Terra X* – Harald Lesch und Co. bieten hier bereits über 400 spannende Videos zu Themen aus Natur und Geschichte. Die Clips sind maximal 10 Minuten lang, hochprofessionell und super ansprechend. Mehr als eine halbe Million Abonnenten erfreuen sich am Angebot.

Das Phänomen YouTube® – eine Einführung

Deutsch/ Mathematik/ Lerntipps:	👍 **Lernfoerderung** – Die Autorin und Diplompädagogin Uta Reimann-Höhn bietet auf ihrem Kanal Videos zu den Schwerpunkten Deutsch und Mathematik an. Zudem gibt es viele Anregungen zu allgemeinpädagogischen Themen wie Lerntipps, Motivation usw.
Kunst:	👍 **Basteln mit Papier** – Bereits 1,9 Millionen Abonnenten erfreuen sich an den unzähligen kreativen Videos rund um das Thema Basteln und Origami. Hier lässt sich zu jedem Anlass ein tolles selbstgebasteltes Geschenk finden. Einfach ein farbiges Papier bereitlegen und los geht's.
Sport:	👍 **Bewegung macht Spaß** – ein echter Geheimtipp. Der Österreicher Stefan Cerni lässt hier seiner Kreativität sowie seinem Bewegungsdrang freien Lauf. Es gibt jede Menge liebevoll gestaltete, kindgerechte und sehr lustige Bewegungsangebote für zu Hause. Vom Spiderman-Workout über die Bewegungsreise in den Dschungel bis hin zur Winterolympiade ist alles dabei. Unbedingt ausprobieren. 👍 **Alba Berlin – bewegtes Klassenzimmer** – Die Profis des Basketballklubs aus Berlin liefern hier unter Schlagworten wie „bewegtes Klassenzimmer" oder „Sport mach Spaß" eine beeindruckende Vielfalt an toll gestalteten und motivierenden Sportangeboten für Kinder zum Mitmachen.

Der eigene Youtube-Kanal – eine Schritt-für-Schritt Anleitung

Schritt für Schritt zum eigenen Youtube-Kanal

Sie stellen fest, dass Sie den Lernenden einzelne Themenkomplexe, grammatische Regeln oder grundlegende fachspezifische Prinzipien immer und immer wieder erklären müssen? Oder Sie möchten den Kindern gerne eine Youtube-Empfehlung zum individuellen Lernen und Wiederholen geben, aber keines der vorhandenen Videos entspricht Ihren Vorstellungen? Oder aber Sie haben während der Homeschooling-Zeit im Rahmen des Corona-Lockdowns nach einer geeigneten Möglichkeit gesucht, in irgendeiner Form mit Ihrer Klasse in Kontakt zu treten oder Wissen vermitteln zu können? Dann ist es an der Zeit, selbst zum YouTuber zu werden! Wie Sie Ihren eigenen Kanal erstellen sowie Videos hochladen und verwalten, zeige ich Ihnen in ein paar wenigen Schritten:

Schritt 1 – ein Youtube-Konto anlegen

Um sich auf YouTube® anzumelden, benötigt man ein Google-Konto. Das kann man nach Klicken auf den Anmeldebutton ganz unkompliziert erstellen: Einfach Namen, E-Mail-Adresse und Passwort festlegen. Anschließend die E-Mail-Adresse bestätigen und los geht's.

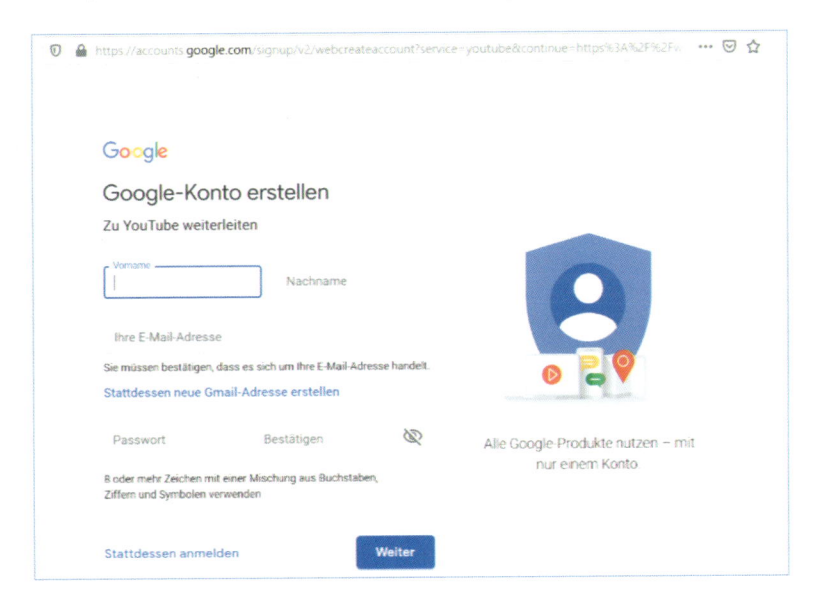

Schritt 2 – einen eigenen Youtube-Kanal erstellen

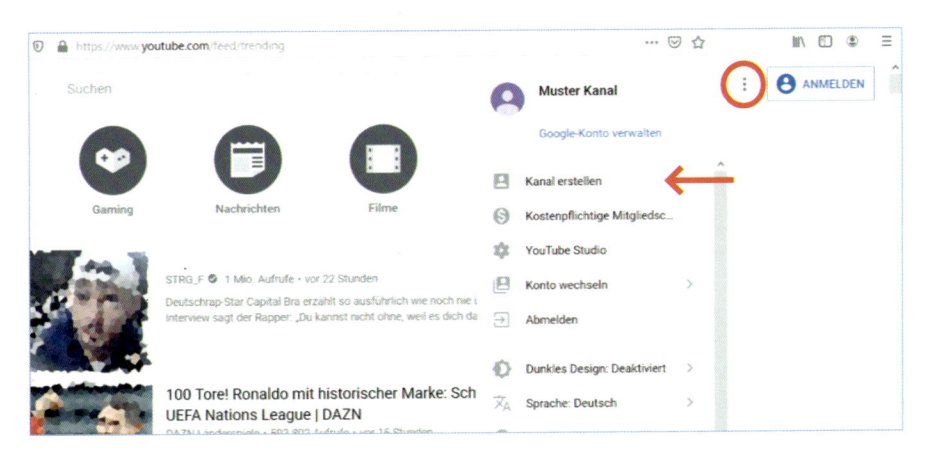

Der eigene Youtube-Kanal – eine Schritt-für-Schritt Anleitung

Klicken Sie auf der Startseite zunächst auf die drei Punkte am oberen Bildrand und im sich anschließend öffnenden Menü auf den Reiter „Kanal erstellen" (vgl. Abb. oben). Auf der folgenden Seite geben Sie Ihrem Kanal nun einen Namen, klicken auf „Erstellen" und schon haben Sie einen eigenen Youtube-Kanal.

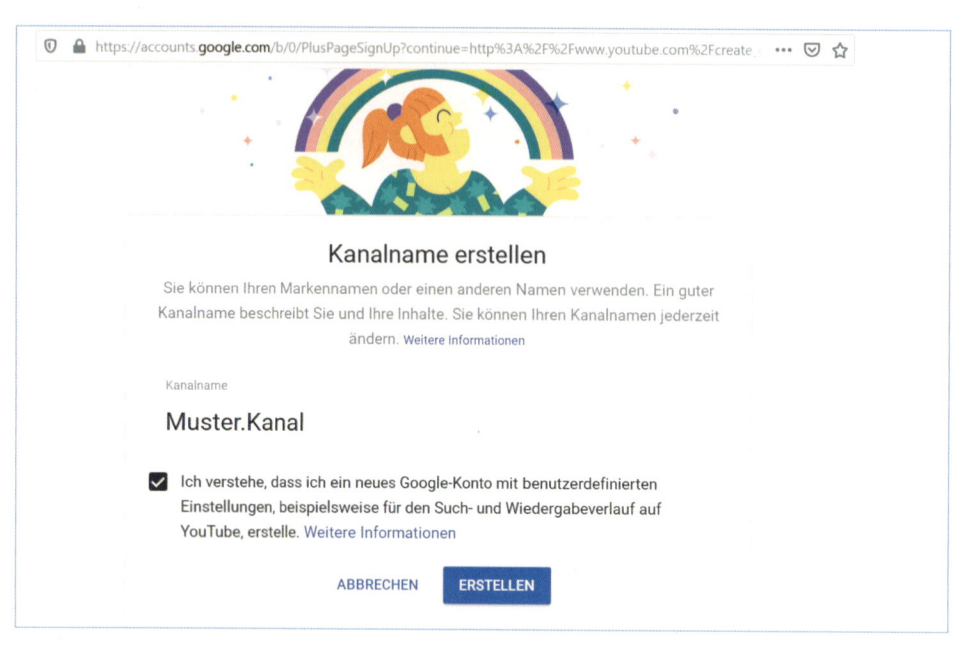

Auf der nächsten Seite werden Sie schließlich noch gefragt, ob Sie eine Kanalbeschreibung oder Verlinkungen zu anderen Webseiten vornehmen möchten. Falls das nicht der Fall ist, klicken Sie hier einfach auf „Später".

Schritt 3 – ein Youtube-Video hochladen

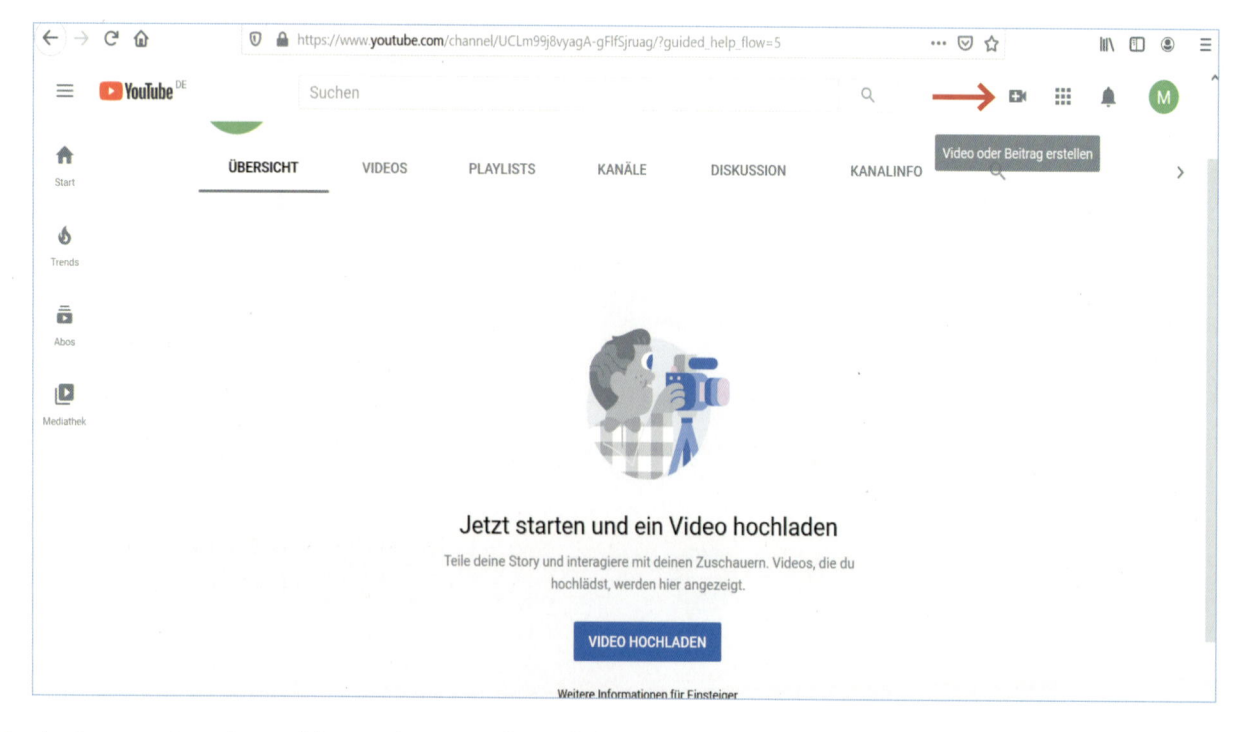

Nach dem ersten Anmelden gelangen Sie auf die Startseite Ihres Kanals und YouTube® fordert Sie direkt auf, ein Video hochzuladen. Dies können Sie tun, indem Sie auf das Kamerasymbol mit dem Pluszeichen klicken (vgl. Abb. oben).

Der eigene Youtube-Kanal – eine Schritt-für-Schritt Anleitung

Anschließend bittet Sie das Programm, ein Video zum Hochladen auszuwählen.

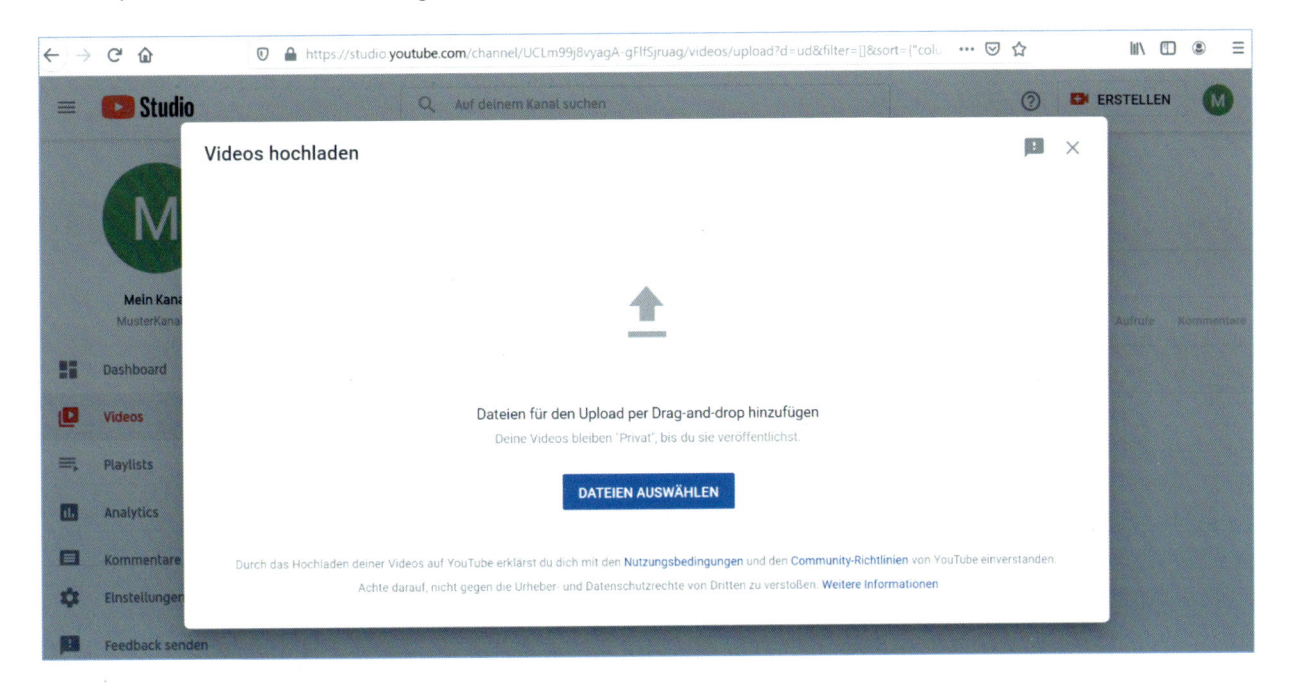

Haben Sie die passende Datei auf Ihrem Computer ausgewählt und hochgeladen, erhalten Sie nun noch weitere Möglichkeiten der Anpassung.

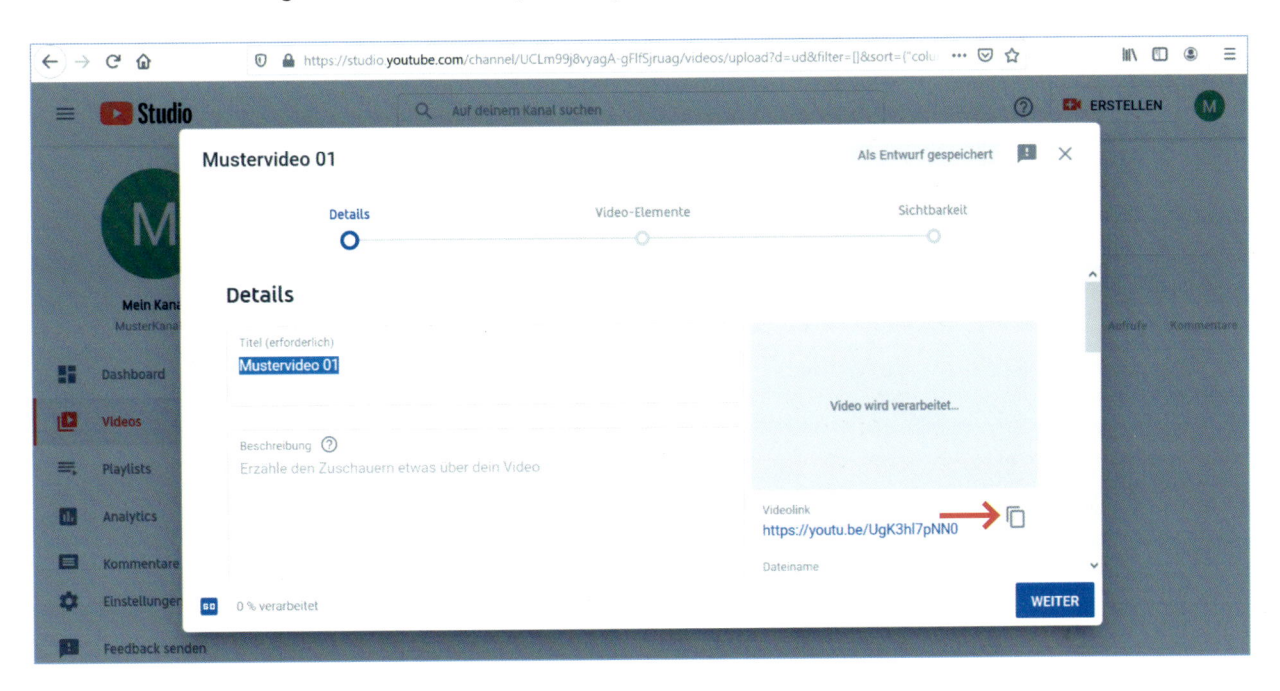

So können Sie beispielsweise den Titel des Videos ändern. Sehr praktisch ist v.a. die Funktion, die Sie auf der rechten Seite des Bildschirms finden. Dort können Sie mit einem Klick den Link zu Ihrem Video kopieren und an Ihre Schüler per E-Mail o.Ä. weiterleiten.

Weiter unten auf der gleichen Seite können Sie noch festlegen, ob das Video speziell für Kinder sein soll. Möchten Sie mit Ihrem Video besonders Grundschulkinder ansprechen, ist dies eine gute Wahl, da das Video u.U. auch bei YouTube Kids® gelistet wird.

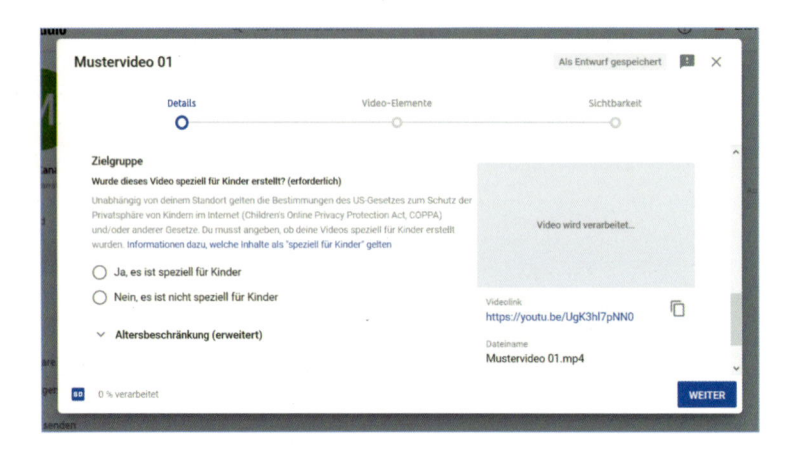

Der eigene Youtube-Kanal – eine Schritt-für-Schritt Anleitung

Der letzte Schritt vor der Veröffentlichung des Videos ist entscheidend. Denn hier legen Sie fest, wie öffentlich Ihr Video ist. Sie haben drei Möglichkeiten zur Auswahl. Wenn Sie Ihr Video v.a. Ihren Lerngruppen zugänglich machen wollen, empfiehlt sich die Option „nicht gelistet". Hier können nur Personen mit dem von Ihnen verschickten Link das Video anschauen. Es kann nicht auf YouTube® gesucht und gefunden werden.

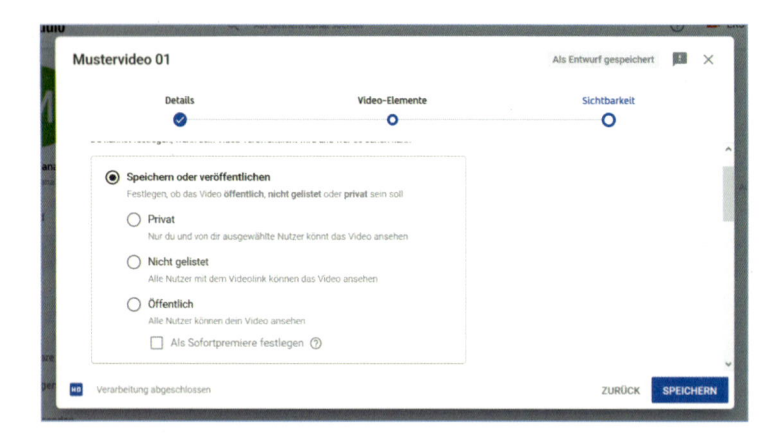

Schritt 4 – Youtube-Videos verwalten

Wenn Sie Ihren Kanal verwalten, weitere Videos hochladen, bearbeiten oder löschen möchten, klicken Sie auf der Youtube-Startseite auf das runde Symbol rechts oben. Anschließend klicken Sie auf „Mein Kanal". Sie gelangen dann wieder auf die Startseite Ihres Kanals. Klicken Sie auf den Button „Youtube Studio".

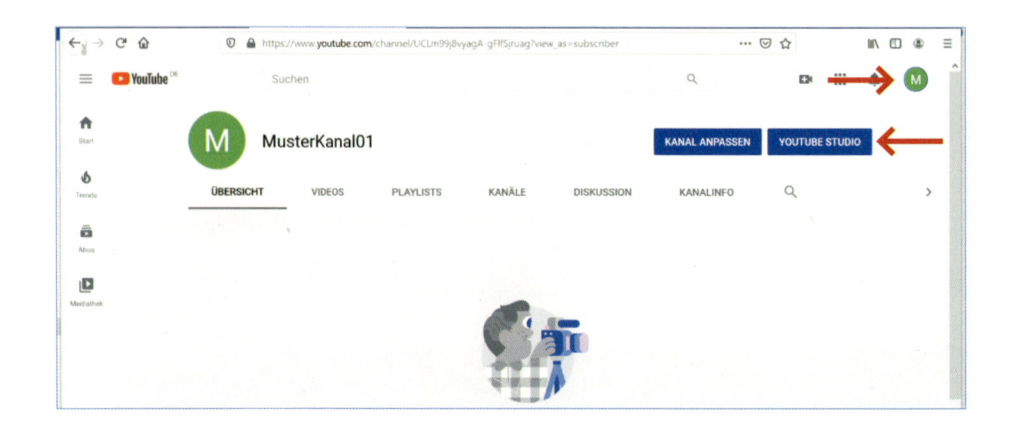

Der eigene Youtube-Kanal – eine Schritt-für-Schritt Anleitung

Auf der Übersichtsseite des „Youtube Studios" angekommen, bietet sich v. a. der Reiter „Videos" an. Dort können Sie alle Ihre bisher hochgeladenen Videos sehen, Privatsphäre-Einstellungen ändern oder vielfältige Statistiken zu Ihren Videos auswerten.

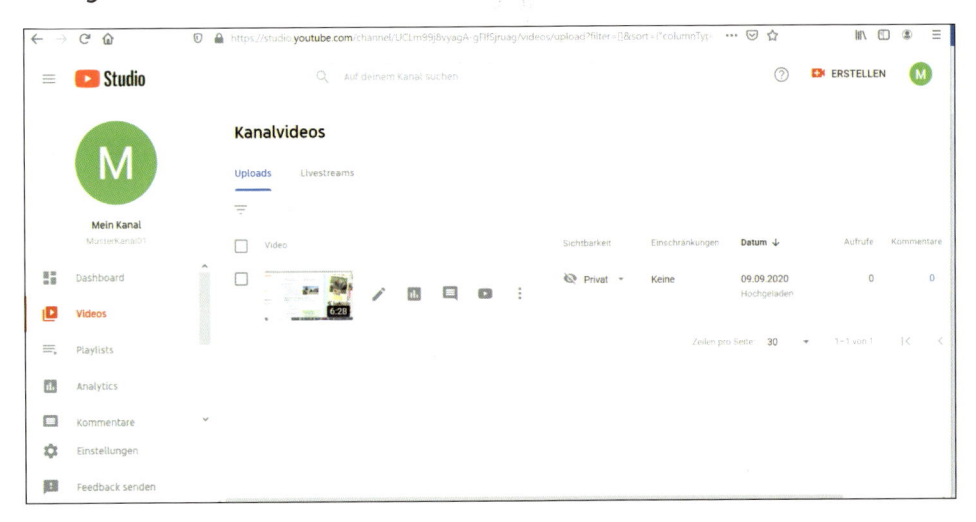

Und nun viel Spaß mit Ihrem eigenen Youtube-Kanal!

Sicher unterwegs im Internet – YouTube®

Lernen und Spaß haben mit YouTube®? Kein Problem! Und wenn du die folgenden Tipps befolgst, geht das noch sicherer!

👍 Schalte die „Autoplay"-Funktion aus

Mit „Autoplay" beginnt YouTube® automatisch ein neues Video, sobald ein anderes zu Ende ist. Dadurch wirst du verleitet, mehr Videos anzuschauen als du eigentlich wolltest. Ein weiteres Problem: YouTube® zeigt dir nicht nur Videos, die mit deinem ursprünglich gewählten Thema zu tun haben, sondern schlägt dir vielleicht auch Inhalte vor, die du überhaupt nicht sehen möchtest. Öffne in deiner
Youtube-App einfach die Einstellungen. Gehe auf „Autoplay" und deaktiviere die Funktion.

👍 Benutze YouTube Kids

YouTube Kids® ist eine App speziell für Kinder und Jugendliche unter 13 Jahren. Das Gute daran ist, dass du dort nur Videos sehen kannst, die für dein Alter geeignet sind. Es muss einmal von deinen Eltern für dich eingerichtet werden. Es lohnt sich, denn hier kannst du garantiert in einem sicheren Umfeld surfen.

👍 Setze dir ein Zeitlimit

Dir ist auch schon aufgefallen, dass man auf YouTube® schnell die Zeit vergisst? Das ist tatsächlich so gewollt. Schließlich wird YouTube® durch Werbung finanziert. Und je mehr Videos du schaust, umso mehr Geld verdienen die Werbetreibenden und YouTube®. Neben der „Autoplay"-Funktion versucht dich YouTube® mit vielfältigen Videovorschlägen dazu zu animieren, mehrere Videos am Stück zu schauen. Überlege dir also vor dem Surfen ein genaues Zeitlimit und behalte es im Auge.

👍 Frag deine Eltern vor dem Surfen um Hilfe

Um ganz sicher zu gehen, dass du auch nur das siehst, was du schauen möchtest, frag deine Eltern bitte vor dem Surfen um Erlaubnis.

Du hast dennoch etwas auf YouTube® gesehen, das dir Angst macht, beispielsweise einen Videokettenbrief? Oder du hast einen schlimmen Kommentar entdeckt, der dir nicht mehr aus dem Kopf geht? In diesem Fall holst du dir am besten Hilfe bei deinen Eltern und besprichst mit ihnen in Ruhe, was dich beschäftigt. Generell gilt: Schau nur das an, was du wirklich schauen möchtest und was auch geeignet für dich ist.

👍 Noch ein Tipp für deine Eltern

Die Seite www.schau-hin.info bietet viele Informationen rund um das Thema Internet. Über den QR-Code® erhalten Sie direkt weitere hilfreiche Tipps zum Thema Sicherheit auf YouTube®

Literatur und Links

- Aschermann Tim: „Download von YouTube: Legal oder nicht?", unter: https://praxistipps.chip.de/download-von-youtube-videos-legal-oder-nicht_9496

- Dittmer Nicole: „Was ein Lehrer von Erklärvideos hält", unter: https://www.deutschlandfunkkultur.de/youtube-und-schule-was-ein-lehrer-von-erklärvideos-haelt.1008.de.html?dram:article_id=450552

- Küchemann Fridtjof: „Die Jugend lernt mit Youtube", unter: https://m.faz.net/aktuell/feuilleton/debatten/studie-beleuchtet-youtube-in-der-kulturellen-bildung-16219629.html

- Medienpädagogischer Forschungsverbund Südwest: „KIM Studie 2018 – Kindheit, Internet, Medien", unter: https://www.mpfs.de/studien/kim-studie/2018/

- Rat für kulturelle Bildung: „Jugend/YouTube/kulturelle Bildung. Horizont 2019", unter: www.rat-kulturelle-bildung.de/publikationen/studien

- https://www.youtube.com/intl/de/about/press/

- www.youtube.com

- www.youtubekids.com

- www.qrcode-generator.de

Erklärvideos im Unterricht

Hardy Seifert

Arbeiten mit Erklärvideos in der Schule

Aktuelle Situation

In der aktuellen Situation, in der das Lernen für viele Grundschulkinder in der Schule, aber oft auch im „Homeschooling", stattfindet, bietet es sich an, Erklärvideos didaktisch sinnvoll an ganz unterschiedlichen Stellen im Lernprozess einzusetzen. Dies gilt selbstverständlich auch für die Phase nach der Pandemie. Hier ist die Integration von Erklärvideos ebenfalls ein Instrument, um den Unterricht abwechslungsreich und effektiv zu gestalten. Die Lehrkraft kann Erklärvideos als Ersatz für einen Vortrag im Klassenraum oder während einer Videokonferenz nutzen. Wenn den Lernenden in Übungssequenzen diese Videos z. B. auf einer Lernplattform der Schule zur Verfügung stehen, können sie zudem in den Übungsphasen selbständiger arbeiten, u. a. können sie bei inhaltlichen Fragen die Videos beliebig oft anschauen. Die Produktion von ganzen Lernvideos oder zumindest von Teilen eines Videos, wie z. B. dem Text bzw. Ton, kann für die Lernenden eine lernwirksame und motivierende Aufgabe sein. Bei solchen Aufgaben stärken die Kinder nicht nur ihre fachlichen Fähigkeiten und Fertigkeiten, sondern bekommen zusätzlich die Gelegenheit, den Umgang mit aktueller Hardware und Software zu erlernen und zu üben.

Die wichtigsten Fakten rund um Erklärvideos

Der Einsatz von Erklärvideos im Unterricht ist äußerst facettenreich.[1] So können Lernvideos nicht nur an diversen Stellen eingesetzt, sondern auch sehr unterschiedlich hergestellt werden. Fertige Erklärvideos findet man bei den einschlägigen Verlagen, aber sicherlich hauptsächlich im Internet und dort besonders oft auf Youtube. Einer der Ersten, der Erklärvideos im großen Stil angeboten hat, war Salman Khan mit seiner „Khan Academy". Auf seiner Website https://de.khanacademy.org/ finden sich über 4000 Lernvideos, von denen über 600 auch auf Deutsch zusammen mit Übungen zur Verfügung stehen.

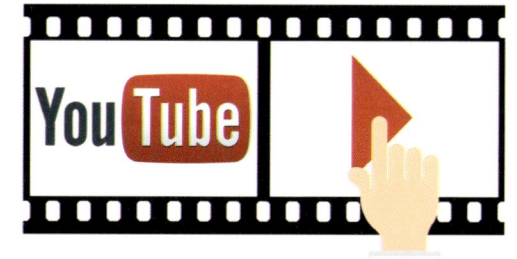

Bei diesen Videos handelt es sich um **Aufnahmen des Bildschirmes** mit der Software Camtasia von TechSmith. Camtasia ist eine kommerzielle Bildschirmerfassungssoftware mit vielen Möglichkeiten, um erstellte Videos weiter zu bearbeiten. Begnügt man sich mit einem geringeren Funktionsumfang, so findet man für alle Betriebssysteme kostenlose Alternativen oder man nutzt die Funktionen, die das Betriebssystem bereits bietet (z. B. beim Mac mit Shift+⌘+5; bei Windows 10 das „Snipping Tool").[2] Bei Lernenden sind **klassische Videos** beliebt, in denen eine Person an einer Tafel Schulstoff erklärt. Zum Beispiel sind „Lehrerschmidt"[3] mit über 500.000 und „Daniel Jung"[4] mit über 650.000 Abonnenten mit diesem Konzept auf Youtube erfolgreich.

Neben der Bildschirmaufnahme und dem klassischen Video bieten Apps aus dem Google Play Store oder dem App Store von Apple eine ganze Palette an Möglichkeiten, mit dem Handy, dem Tablet oder einem Desktop-PC Erklärvideos zu erstellen. Aus der großen Vielfalt von möglichen Apps sollen hier nur zwei aufgeführt werden:

---

[1] vgl. https://www.lwl.org/film-und-schule-download/Unterrichtsmaterial/Erkl%c3%a4rvideos-im-Unterricht.pdf
[2] vgl. https://bit.ly/3kS2gIr
[3] Link zum Kanal: https://www.youtube.com/channel/UCy0FxMgGUlRnkxCoNZUNRQQ
[4] Link zum Kanal: https://www.youtube.com/channel/UCPtUzxTfdaxAmr4ie9bXZVA

© PERSEN Verlag

Arbeiten mit Erklärvideos in der Schule

- **Stop Motion Studio:** Mit dieser App und einem Tablet oder Handy lassen sich Trickfilme sehr einfach erstellen.[5]
- **Explain Everything:** Mit dieser Software können Lernvideos ohne großen Aufwand erstellt werden. Alles was innerhalb der App geschrieben und gezeichnet wird, aber auch was gesprochen wird, kann aufgezeichnet werden. Anschließend besteht die Möglichkeit, die Datei z. B. als Video zu speichern und u. U. auf Youtube hochzuladen.[6]

PowerPoint

Die Software PowerPoint (PPT) von Microsoft wird schon sehr lange von Lehrkräften in allen Fächern auf unterschiedliche Weise genutzt. Eine beliebte Anwendung ist sicherlich die visuelle Unterstützung von Vorträgen, sei es, wenn neue Lerninhalte von der Lehrkraft präsentiert werden oder wenn Lernende ihre Arbeitsergebnisse der Klasse vorstellen.

PowerPoint bietet aber auch die Möglichkeit, Erklärvideos direkt zu erstellen, und wird damit noch vielfältiger nutzbar. Einfache Erklärvideos können mit wenigen Klicks aus bestehenden PowerPoint-Präsentationen erstellt werden. Die Software bietet Optionen an, um anspruchsvollere Erklärvideos auf Basis einer PowerPoint-Präsentation mit einer Audio-Spur und dem Video des Präsentators innerhalb der Präsentation anzuzeigen. Die Vorteile von PowerPoint zur Erstellung von Erklärvideos sind:

- 👍 PowerPoint und seine Funktionen sind vielen bekannt.
- 👍 PowerPoint ist auf vielen Rechnern installiert.
- 👍 Einfache und kostengünstige Lösung.
- 👍 Bereits erstellte PowerPoint-Präsentationen können in Erklärvideos umgewandelt werden.
- 👍 Die Videos können auf fast allen Endgeräten problemlos abgespielt werden.
- 👍 Die Videos können auf Youtube hochgeladen werden.

Das Hochladen auf Youtube erfordert allerdings einen Account bei Google.[7]

---

[5] vgl. https://www.bildung.digital/artikel/stop-motion-app-gestalten
[6] Eine ausführliche Beschreibung der App findet man zum Beispiel hier: https://www.youtube.com/watch?v=ZrNcCAtOwWU.
[7] Wie das im Detail funktioniert und wie man festlegt, wer die Videos sehen kann, wird hier ausführlich beschrieben: https://support.google.com/youtube/answer/57407?co=GENIE.Platform%3DAndroid&hl=de.

Arbeiten mit Erklärvideos in der Schule

Erstellung von Erklärvideos mit Microsoft PowerPoint

Einfaches Erklärvideo aus PowerPoint ohne Ton

Mit einer bestehenden PowerPoint-Präsentation lassen sich einfach und schnell Erklärvideos erstellen. Im vorliegenden Beispiel aus dem Mathematikunterricht wird in einer PowerPoint-Präsentation die halbschriftliche Addition gezeigt. Um aus dieser Präsentation ein Erklärvideo zu erstellen, geht man wie folgt vor:

① Im Menü **Datei** wird der Befehl **Exportieren** ausgewählt.

② Als nächsten Schritt klickt man auf **Video erstellen** und wählt dann die Qualität des Videos aus.

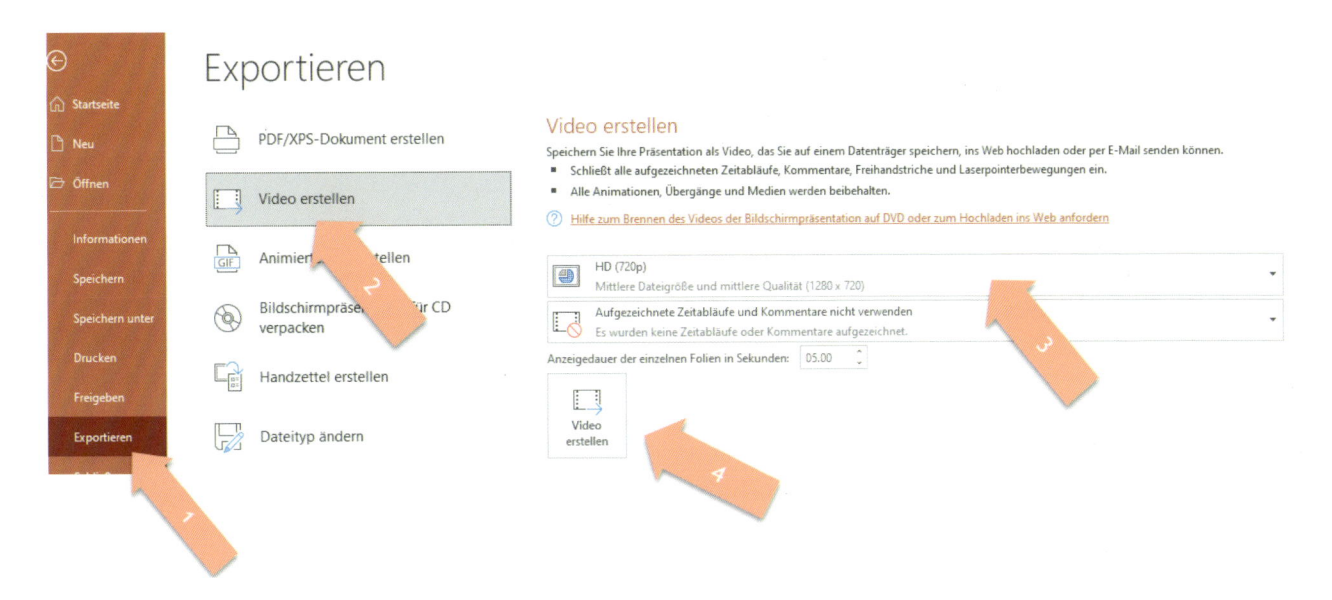

③ Wenn die Datei nicht groß werden und das Hochladen auf Youtube schnell gehen soll, ist die Videoqualität **HD (720p)** mit einer Auflösung von 1280 × 720 eine gute Wahl. Eine PowerPoint mit 11 Folien benötigt etwa 0,6 MB Speicherplatz. Die Videodatei in HD (720p) ist etwa 7 MB groß. Wählt man die bessere Auflösung **Full HD (1080p)**, so benötigt man 11 MB, um die erzeugte Videodatei zu speichern und entsprechend dauert es etwas länger, die Datei hochzuladen.

④ Nach der Auswahl der Videoqualität genügt ein Klick auf **Video erstellen** und der anschließenden Wahl eines Dateinamens, um die Produktion des Videos zu starten. Bei einem neueren Rechner wird es 10–20 Sekunden dauern, bis das Video vollständig erstellt und gespeichert ist. Den Fortschritt kann man am unteren Rand der PowerPoint-Präsentation verfolgen.

Arbeiten mit Erklärvideos in der Schule

Einsatzszenarien für ein Erklärvideo ohne Ton im Unterricht

Die Lehrkraft kann das Erklärvideo im Unterricht oder in einer Videokonferenz abspielen und eventuell notwendige Erklärungen beim Abspielen geben bzw. diese mit der Klasse gemeinsam erarbeiten. Ein Abspielen ganz ohne Ton und weitere Erklärungen durch die Lehrkraft kann auch didaktisch sinnvoll sein, wenn man das Kommunizieren und Argumentieren fördern möchte. Eine Klasse, die eine gewisse Übung hat, sich Abläufe selbst zu erschließen und diese anschließend möglichst selbständig in Worte fassen kann, wird in der Lage sein, nach dem Schauen des Videos die einzelnen Schritte (bei der halbschriftliche Addition) zu verbalisieren. Ein Arbeitsauftrag kann die Klasse dazu auffordern, das Gesehene im Heft festzuhalten oder ein Arbeitsblatt auszufüllen, wie es im Anhang mit möglichen Lösungen dargestellt ist.

Wenn die Kinder an der Schule oder zu Hause entsprechend ausgestattet sind, könnten sie das Video sogar direkt vertonen und das komplette Video inklusive Tonspur als Produkt bei der Lehrkraft einreichen.

Eine weiterer interessanter Einsatz für ein solches Erklärvideo ohne Ton lässt sich realisieren, wenn die Klasse Zugang zu einer Website hat, die die wichtigsten Funktionen eines **L**ern**m**anagement**s**ystems (LMS) zur Verfügung stellt (z. B. IServ, itslearning, Microsoft Teams, Moodle …). In der folgenden Tabelle ist ein mögliches Szenario dargestellt.

Montag	Dienstag	Mittwoch	Donnerstag
Das Video ohne Ton wird in der Schule gegen Ende der Stunde gezeigt. Die Klasse soll als Hausaufgabe den Text zum Video schreiben.	Die Kinder bearbeiten die Hausaufgaben. Nachdem sie den Text geschrieben haben, laden sie den Text auf das LMS hoch.	Die Kinder überarbeiten entsprechend dem Feedback der Lehrkraft ihre Texte.	Das Video wird in der Klasse abgespielt und einzelne Kinder erhalten die Gelegenheit, ihren Text synchron zum Ablauf des Erklärvideos zu sprechen.
Die Lehrkraft lädt das Video (u. U. ein Arbeitsblatt) auf die entsprechende Website des LMS. Zudem wird der Arbeitsauftrag nochmals auf der Website festgehalten.	Die Lehrkraft kontrolliert die Hausaufgaben und gibt den Kindern auf dem LMS ein Feedback. Die Lehrkraft stellt eine neue Hausaufgabe auf dem LMS: Die Klasse soll den Text so einstudieren, dass er synchron zum Video passt.	Anschließend üben sie mithilfe des Videos, den Text möglichst synchron zum Ablauf des Videos zu sprechen.	

Arbeiten mit Erklärvideos in der Schule

Erklärvideo mit PowerPoint, Ton und Video im Video

Für die Erstellung eines Erklärvideos aus einer bestehenden PowerPoint-Präsentation benötigt man neben der erstellten Präsentation noch ein Mikrofon und einen Lautsprecher (oder besser: ein Headset). Soll die sprechende Person innerhalb des Erklärvideos als Video-im-Video erscheinen, braucht man zusätzlich noch eine Webcam. Ist im Menüband von PowerPoint der Befehl „Aufzeichnungen" nicht zusehen, sollte man unter „Optionen" folgende Einstellung vornehmen:

Um alle notwendigen Befehle für die Erstellung eines Videos in der Menüleiste zur Verfügung zu haben, müssen einmal folgende Einstellungen vorgenommen werden. Wir klicken auf:

Datei > **Optionen** > **Menüband anpassen** > Dann wird das Häkchen bei **Aufzeichnung** gesetzt.

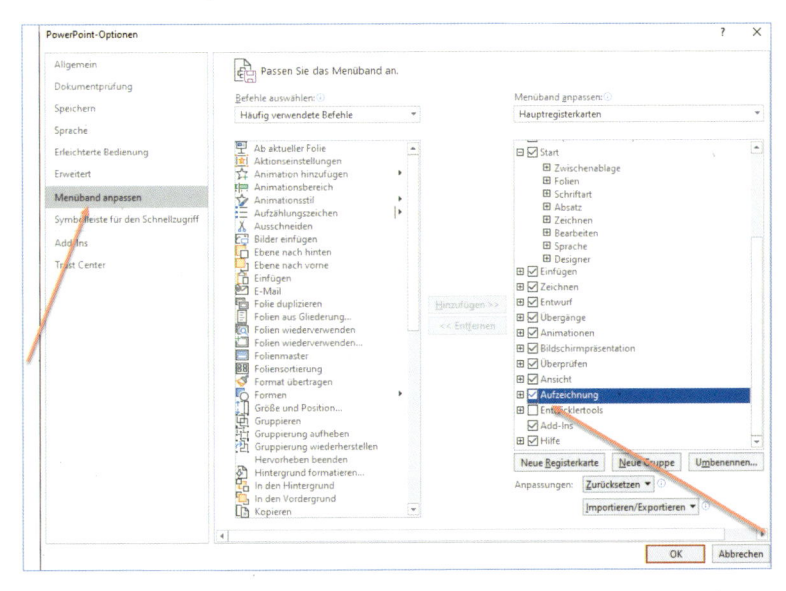

Die Aufzeichnung wird nun in drei Schritten gestartet. Mit einem Klick auf ① **Aufzeichnung** erhalten wir Zugriff auf den Befehl ② **Bildschirmpräsentation aufzeichnen**. Ein Klick auf diesen Befehl öffnet ein Auswahlfenster, in dem man entscheiden kann, ob man ③ **Von Anfang an aufzeichnen...** oder **Ab aktueller Folie aufzeichnen...** möchte.

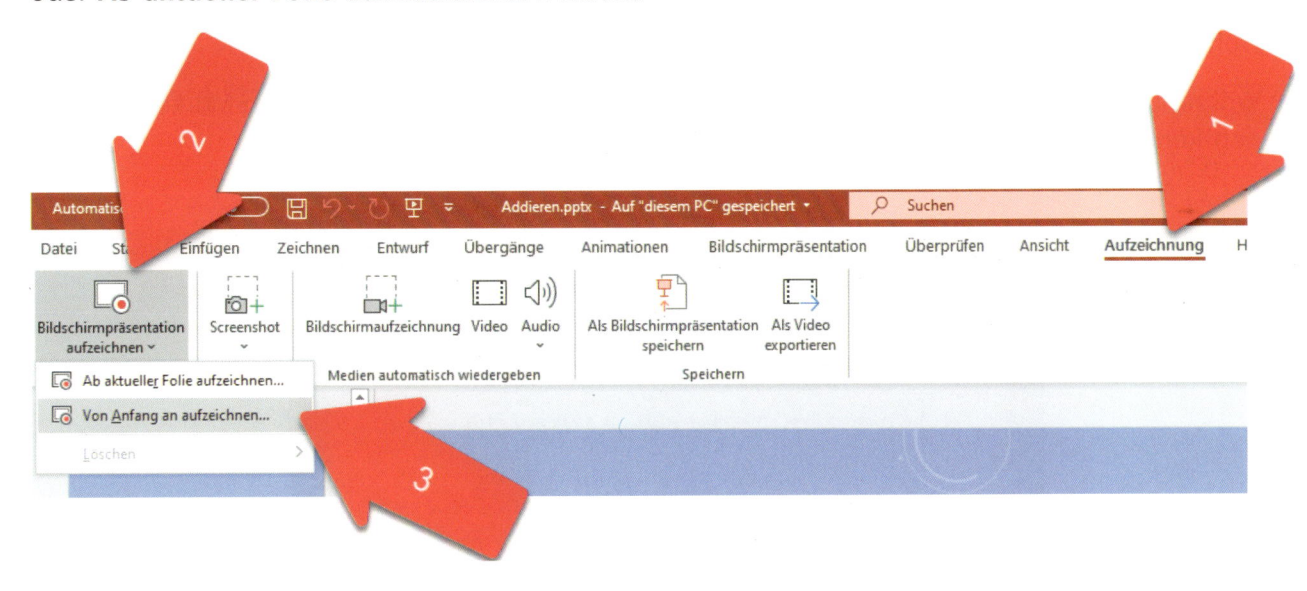

Arbeiten mit Erklärvideos in der Schule

Wählt man **Von Anfang an aufzeichen...** aus, öffnet sich der Aufnahmebildschirm. Die wichtigsten Einstellungen findet man rechts oben und unten (s. Abb.). Falls am Rechner mehrere Mikrofone oder Kameras angeschlossen sind, kann man oben rechts die gewünschten Geräte auswählen. Unten rechts werden die Kamera und/oder das Mikrofon ein- bzw. ausgeschaltet. Schaltet man die Kamera ein, nimmt die Webcam die Person vor dem Rechner während der Präsentation auf. Dieses Video wird in der fertigen Präsentation rechts unten eingeblendet. Schaltet man die Kamera aus, hat man den Vorteil, dass man eine wesentlich kleinere PowerPoint-Datei und dementsprechend eine kleinere Videodatei erhält.

Gestartet wird die Aufnahme links oben durch Klicken auf **Aufzeichnen**. Nach dem Klick hat man drei Sekunden Zeit, bis die Aufnahme startet.

Wichtig: PowerPoint nimmt während der Übergänge zwischen den Folien kein Audiosignal auf. Es ist deshalb ratsam, eine kurze Sprechpause kurz vor dem Wechsel zur nächsten Folie zu machen.

Während der Aufnahme benötigt man die folgenden drei Befehle:

① Auf die nächste Folie kommt man, indem man den Pfeil in der Mitte des rechten Randes auswählt.

② Während der Aufnahme kann man zum Zeichnen und Schreiben den Stift, den Marker oder den Radiergummi am unteren Rand nutzen.

③ Die Aufnahme beendet man links oben mit **Beenden**.

Arbeiten mit Erklärvideos in der Schule

Abschließend kann man

① die Datei als Bildschirmpräsentation speichern.

② die Datei in ein Video exportieren.

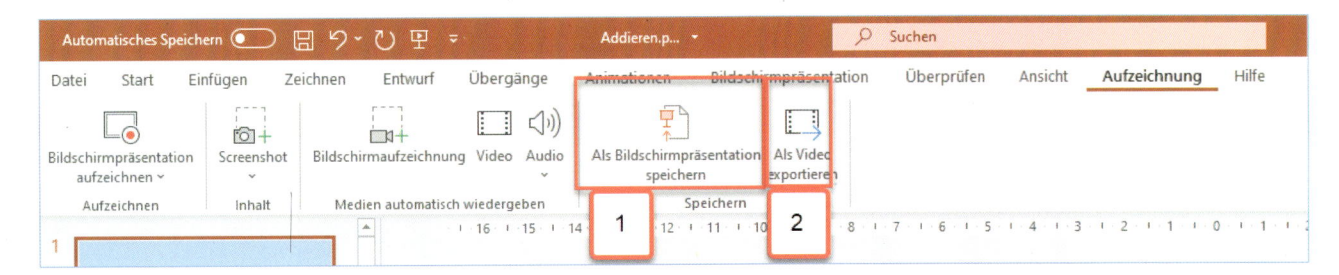

Klickt man auf **Als Video exportieren**, erscheint das (bekannte) Menü, in dem man die Videoqualität auswählen kann und dann durch den Klick auf **Video erstellen** das fertige Erklärvideo erzeugt.

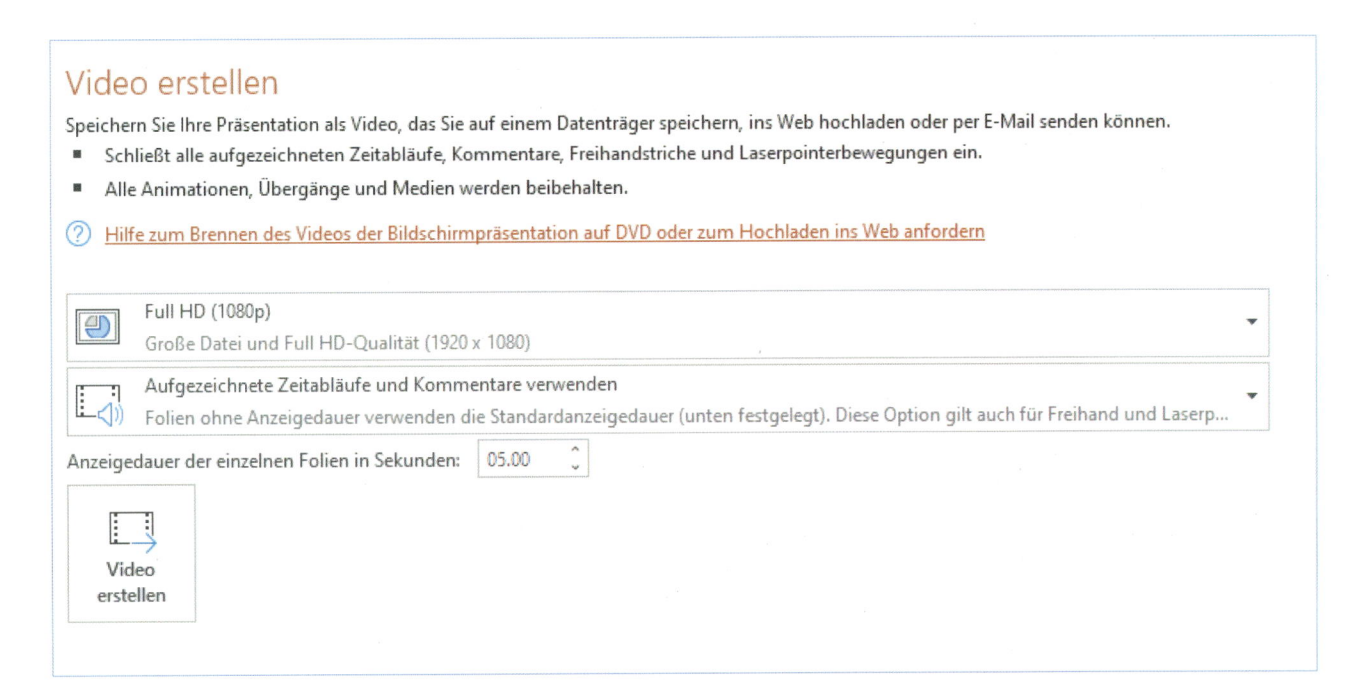

Arbeitsblatt

Halbschriftliche Addition

Das Erklärvideo zur halbschriftlichen Addition ist leider noch ohne Ton. Stelle dir vor, du könntest das Video vertonen, d. h. mit einer Audiospur versehen. Welchen Text würdest du zu den einzelnen Schritten sprechen? Trage den Text in die rechte Spalte ein.

Schritt		Text für den Sprecher oder die Sprecherin:
	2 6 + 1 2 =	Im ersten Schritt …
1	2 6 + 1 2 = 2 6 +	
2	2 6 + 1 2 = 2 6 + 1 0	
3	2 6 + 1 2 = 2 6 + 1 0 = 3 6 3 6	

Schritt		Text für den Sprecher oder die Sprecherin:
4	2 6 + 1 2 = 2 6 + 1 0 = 3 6 3 6 + 2	
5	2 6 + 1 2 = 3 8 2 6 + 1 0 = 3 6 3 6 + 2 = 3 8	

Grundschulkinder erstellen Erklärvideos

Silke Petersen

Vorwort

Das Angebot an Erklärvideos zu den unterschiedlichsten Lehrplanthemen ist heutzutage im Internet sehr groß und hat in Zeiten von Distanzunterricht durchaus seine Berechtigung und einen hohen Nutzen. Erklärvideos können aber auch von Lernenden selbst erstellt werden. Hierzu gibt es diverse Apps, die einfach zu nutzen sind und mit denen auch Grundschulkinder gut arbeiten können.

Ich habe mittlerweile mehrerer solcher Unterrichtsprojekte (z.B. im Mathematikunterricht) in verschiedenen Klassenstufen durchgeführt. Die Kinder arbeiteten dabei mit iPads und der App *Stop Motion Studio*®. Folgende positive Faktoren, auch unter Einbeziehung der Bildungsstandards, lassen sich erkennen:

- Förderung der inhaltsbezogenen fachlichen Kompetenzen sowie Aufbau eines tieferen Verständnisses durch die aktive, intensive und fokussierte Auseinandersetzung mit dem Lernstoff auf verschiedenen Ebenen (enaktive, ikonische, symbolische und sprachliche Ebene)
- Förderung der prozessbezogenen Kompetenzen, z.B. der Kommunikations- und Argumentationskompetenz, sowie die Förderung und Anwendung von Fachsprache beim Erklären
- Förderung der überfachlichen Kompetenzen im Hinblick auf die personale Kompetenz sowie die Sozialkompetenz durch Teambildung und Aufgabenteilung innerhalb der Gruppe
- Förderung der Medienkompetenz durch die Nutzung eines mobilen Endgerätes und die Anwendung einer App
- auffällig hohe intrinsische Motivation zur Auseinandersetzung mit dem Unterrichtsgegenstand durch die Nutzung eines mobilen Endgerätes und die Anwendung einer App
- gute Differenzierungsmöglichkeiten auf der inhaltsbezogenen und überfachlichen Ebene durch unterschiedliche Themenwahl, Gruppenzusammensetzung und Rollenverteilung
- Erfolgserlebnisse für alle Lernenden auf verschiedenen Ebenen (Umsetzung des Projekts, fertiges Produkt)

Nutzung der App *Stop Motion Studio*®

Stop Motion Studio® ist eine kostenlose Trickfilm-App (für Android und iOS erhältlich), mit der sich ein Trickfilm nach Art eines Daumenkinos erstellen lässt. Wie das funktionieren kann, wird hier kurz in vereinfachter Weise erläutert:

1. App öffnen

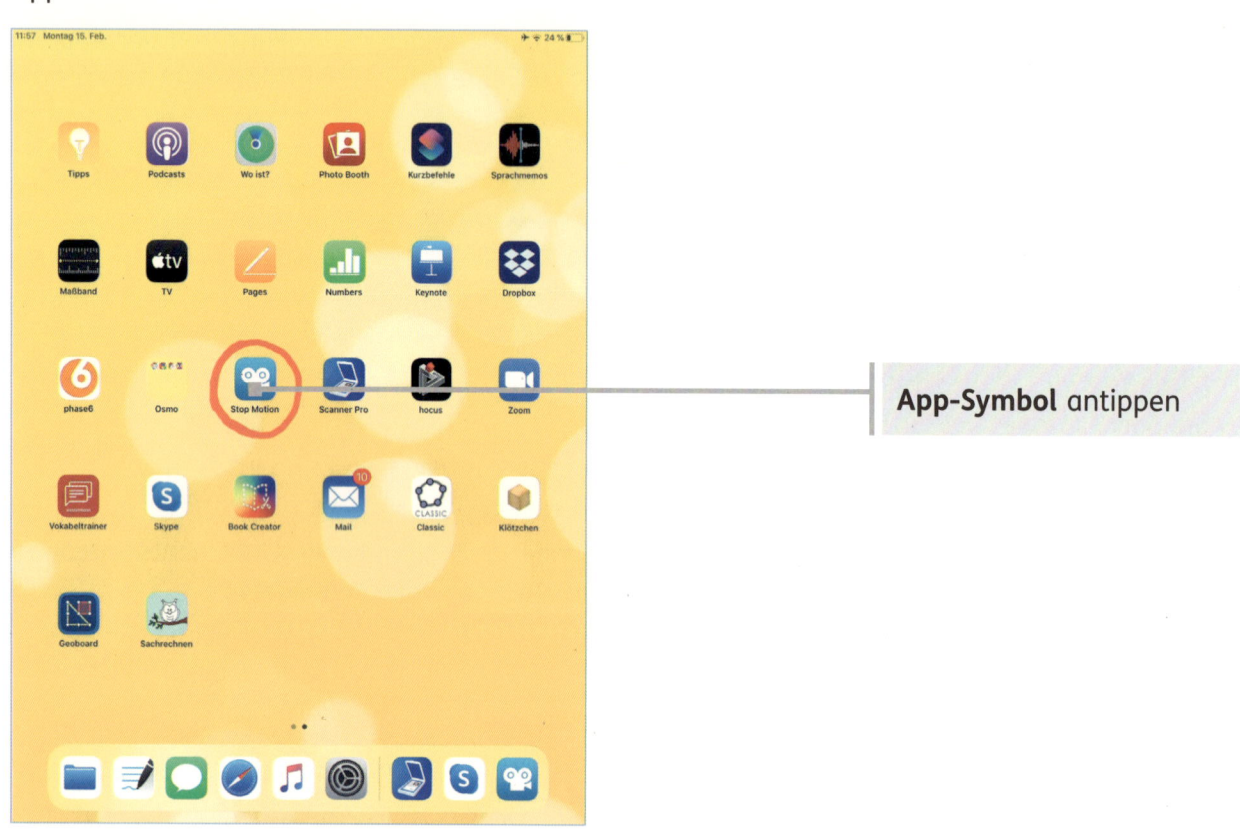

App-Symbol antippen

2. Neuen Film starten

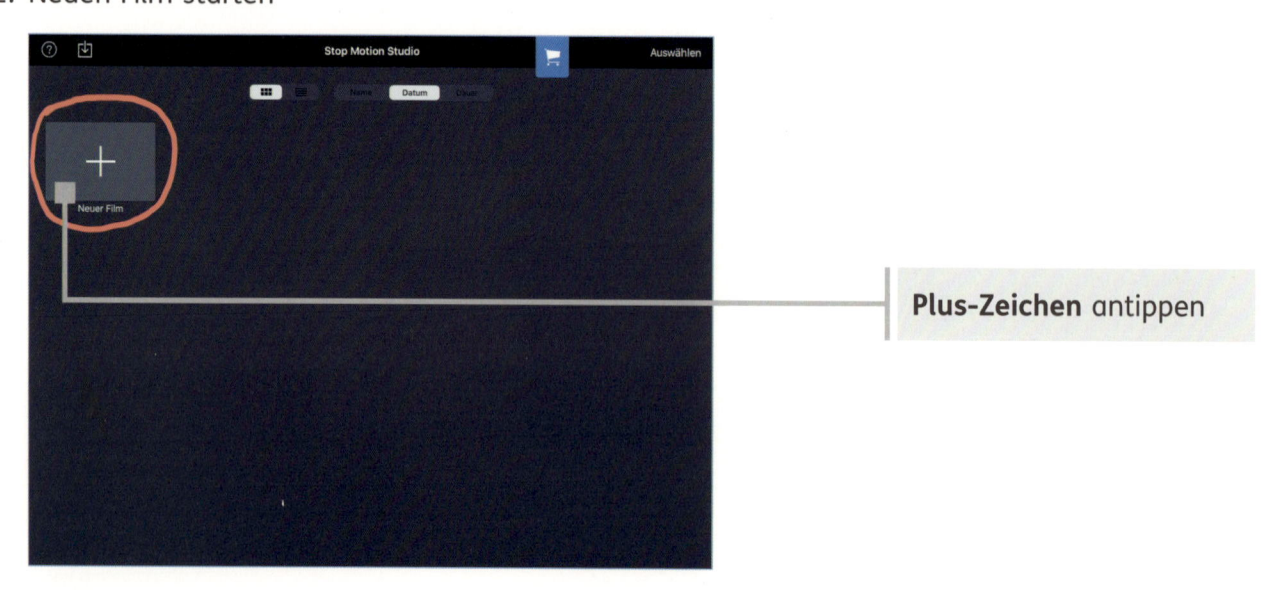

Plus-Zeichen antippen

Grundschulkinder erstellen Erklärvideos

3. Szenen fotografieren

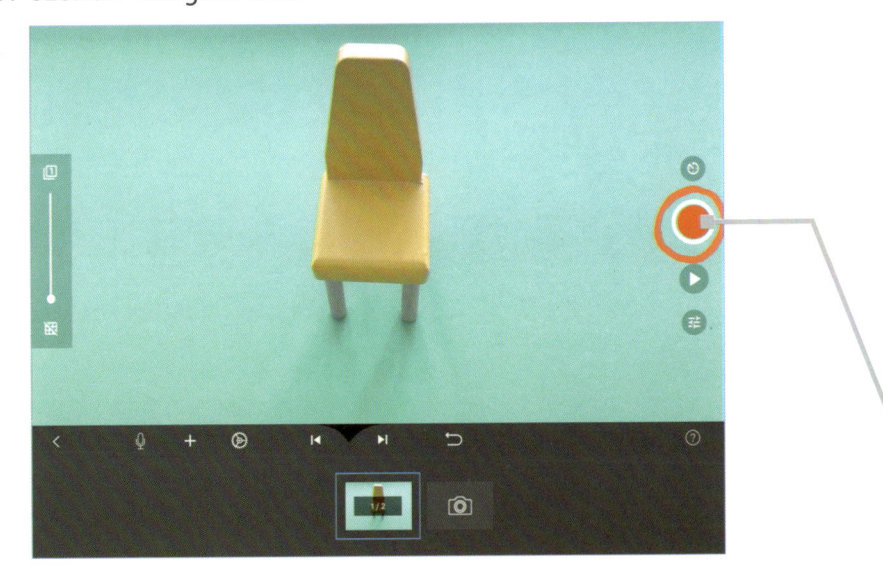

Möglichkeit ❶:
Jede Szene zunächst fotografieren und anschließend jedes entstandene Bild gleich vertonen.

Möglichkeit ❷:
Alle Szenen zuerst nacheinander fotografieren, dann Bilder vertonen.

4. Bilder vertonen

Durch wischen Bild auswählen, anschließend

Mikrofon berühren

Aufnahme antippen und sprechen

Grundschulkinder erstellen Erklärvideos

Anhalten antippen

Fertig auswählen

Weitere Bilder vertonen

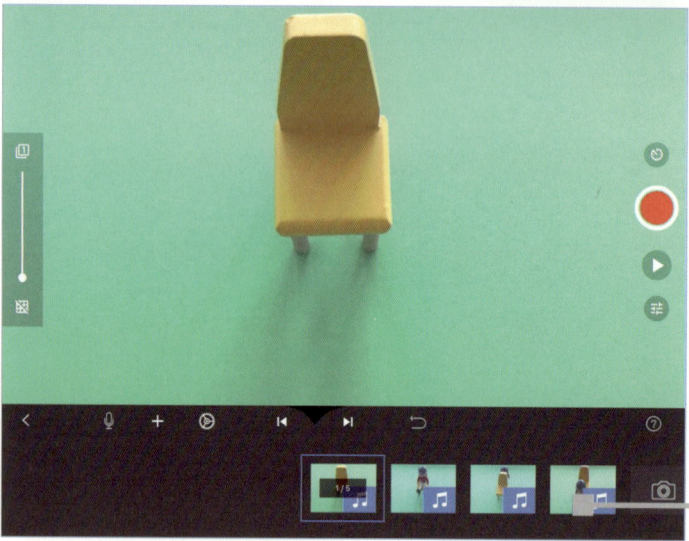

Blaue Symbole am unteren Bildrand zeigen an, dass alle Bilder vertont wurden

5. Bildlänge anpassen

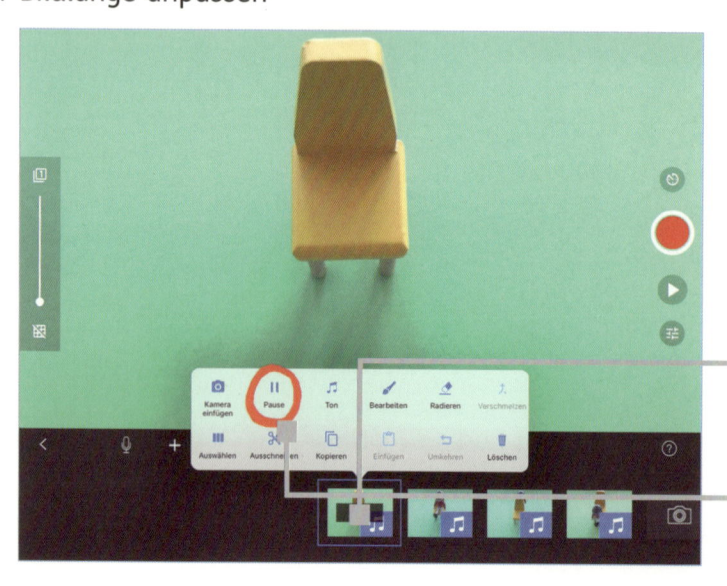

Wenn ein oder alle Bilder vertont wurden, muss die Dauer der Bildlänge an den gesprochenen Text angepasst werden.

Das jeweilige **Bild** berühren, sodass sich ein **Bearbeitungsfeld** mit vielen Funktionen öffnet

Pause auswählen

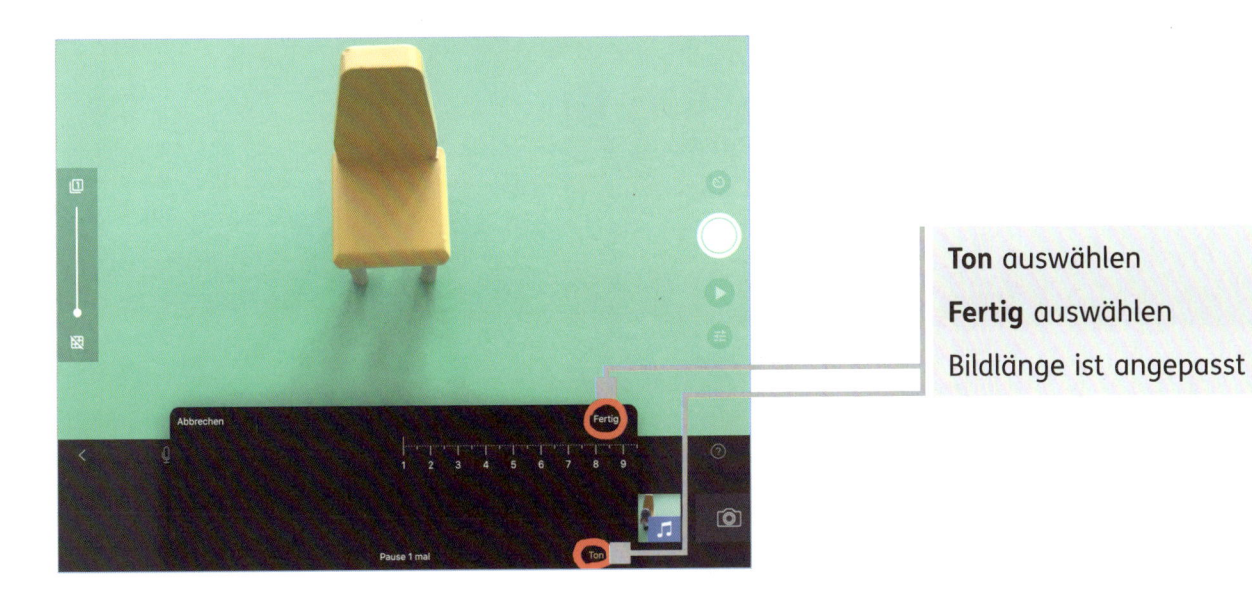

Grundschulkinder erstellen Erklärvideos

Ton auswählen
Fertig auswählen
Bildlänge ist angepasst

6. Video prüfen

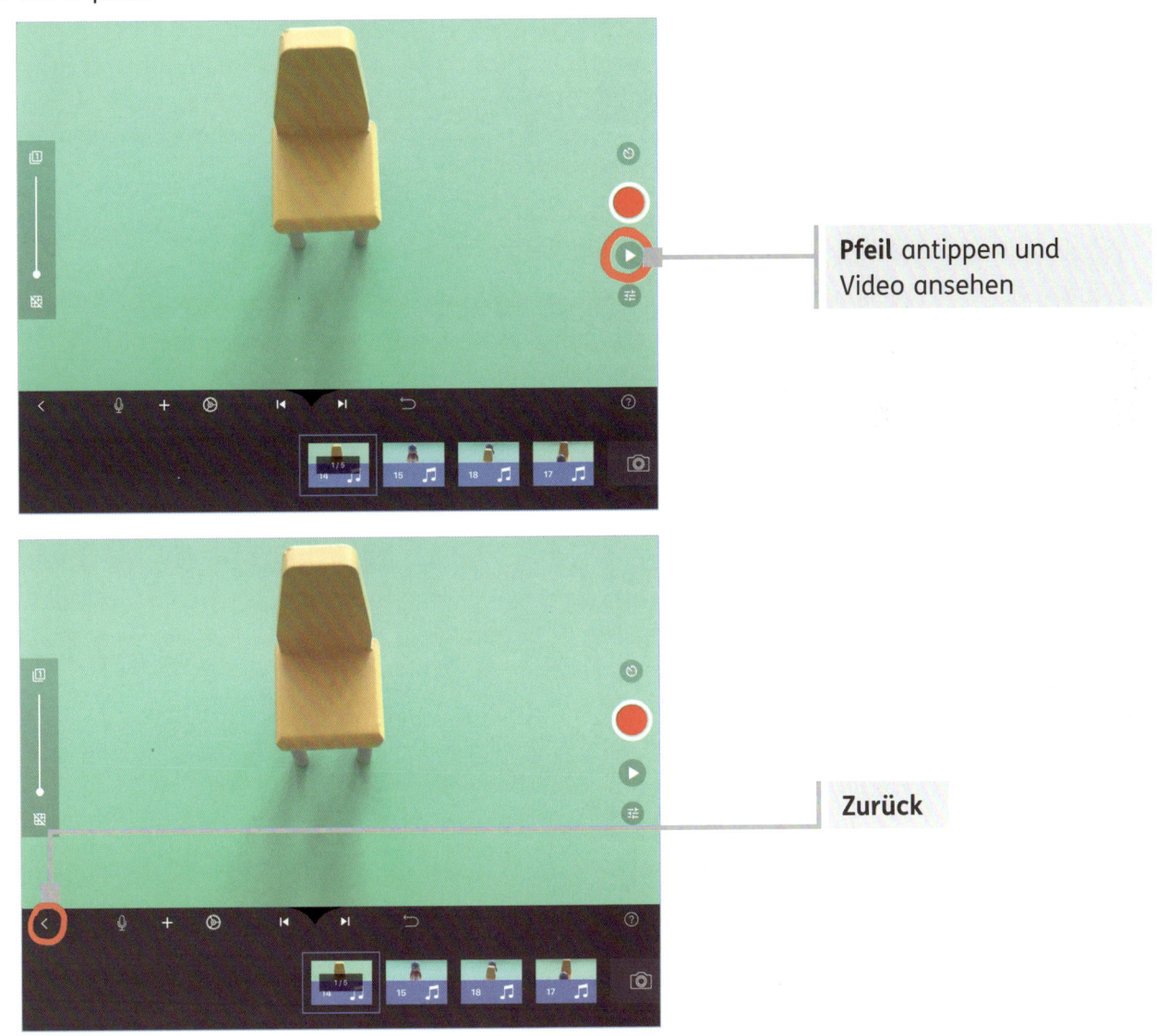

Pfeil antippen und Video ansehen

Zurück

7. Projekt abgeschlossen

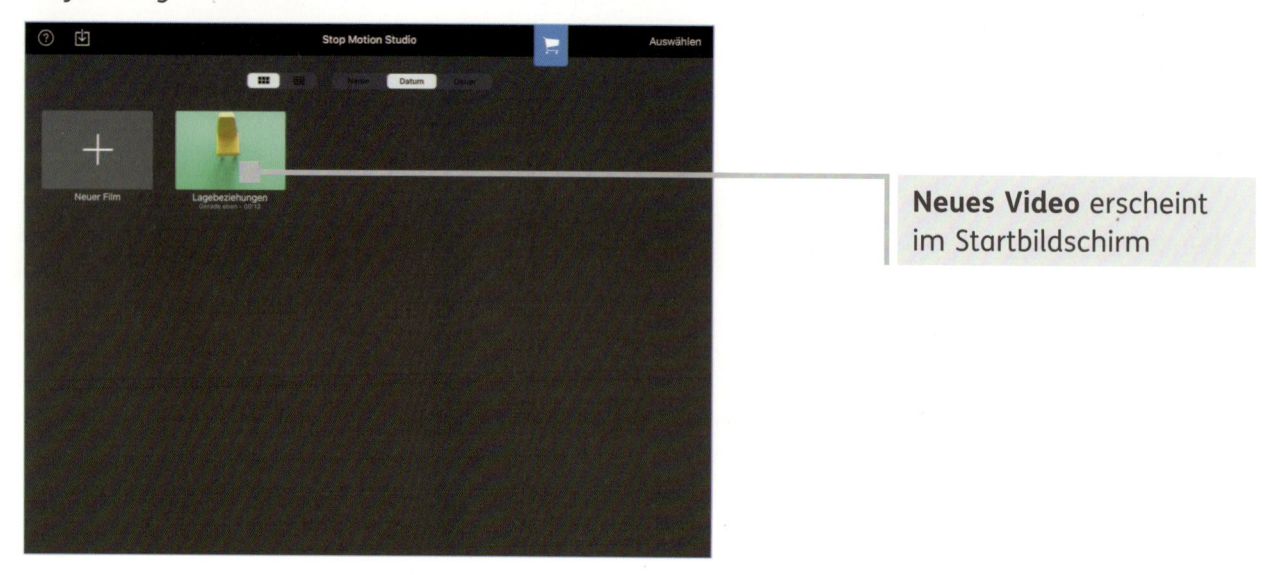

Neues Video erscheint im Startbildschirm

Für weitere Funktionen (z. B. das Einfügen von Toneffekten, Titel und Abspann) ist die umfangreichere Version *Stop Motion Studio Pro®* zum Kauf erhältlich.

Vorüberlegungen, Planungs- und Umsetzungsschritte

- Welchen Unterrichtsinhalt sollen die Kinder erklären?
- Welche Differenzierungsmöglichkeiten gibt es?
- Wie viel Zeit wird benötigt? Kennen die Kinder die App bereits?
- Wie viele mobile Endgeräte stehen zur Verfügung und mit wie vielen Kindern kann ich dann solch ein Projekt durchführen?
- Welche Kleingruppengröße ist sinnvoll?
- Welche Rollenverteilungen innerhalb einer Kleingruppe sind möglich?
- Welches Vorwissen sollten die Kinder haben?
- Wie baue ich solch ein Projekt auf?

Nähere Informationen zum Thema sowie Planungsraster, Umsetzungsmöglichkeiten und -ideen sowie Aufgabenkarten, Tippkarten und vieles mehr finden Sie in dem Titel Petersen, S./Seitz, A.: Kinder erstellen Erklärvideos im Mathematikunterricht. PERSEN Verlag, 2020.

Interaktive Übungen erstellen

Jörn E. von Specht

Vorwort

Warum braucht es Online-Lernangebote?

Das Lernen in und mit dem Internet bietet jedem und jeder Einzelnen Materialien und Möglichkeiten in nahezu unbegrenzter Vielfalt. Texte, Bilder, Audiodateien, Videos u.v.m. lassen sich mit wenigen Mausklicks abrufen und können sehr komfortabel genutzt werden. Andererseits stellt sich gerade für ungeübte Grundschulkinder das Problem, wirklich passende Übungsformate (egal welcher Art) zu finden und diese dann zu verwenden. Nicht alle Lernenden, die das Internet nutzen, zeigen ein hohes Maß an Medienkompetenz, gerade dann nicht, wenn sie zu den Novizen gehören.

Spätestens durch den Lockdown während der Corona-Krise wurde es offensichtlich, dass Schulen digitale Bildungsinhalte vorhalten müssen. Und so sind sich Lehrende an den Universitäten und die Kolleginnen und Kollegen in der täglichen Unterrichtspraxis einig, dass Lernsettings im Zeitalter der Digitalität sowohl in Präsenzphasen als auch beim Lernen auf Distanz neue, zeitgemäße Lösungen brauchen – Offline-Angebote müssen durch Online-Angebote ergänzt werden.

Für die Gruppe der Lernenden ist der Umgang und die Nutzung digitaler Endgeräte alltäglich. Sie nutzen diese zum Spielen, für den sozialen Austausch, als Kamera etc. Dass man diese Geräte auch bestens zum Lernen einsetzen kann, ist hingegen nicht durchgängig bekannt. Aufgabe von Schule im 21. Jahrhundert muss es sein, die Potenziale digitaler Medien zu erkennen und zu nutzen. Dies gilt für Lehrende und Lernende gleichermaßen.

Wichtig dabei ist auch, dass Online-Lernen allein nicht als Lösungsansatz verstanden werden kann. Vielmehr geht es um die Mischung aus Off- und Online-Lernangeboten in einem ausgewogenen Verhältnis und einer den Lernenden gerecht werdenden Betreuung bei diesen Vorhaben. Die Website LearningApps.org kann hier einen Beitrag in der Vielfalt digitaler Lernangebote leisten.

Technisch könnte man LearningApps.org als Online-Tool zum Lernen mit aktiver Feedbackfunktion beschreiben. Einige werden sich fragen: Kann ich das? Brauche ich das für meinen Unterricht? Wo steckt das Potenzial gegenüber herkömmlichen Medien?

Nun, der Begriff Online-Tool verrät bereits an dieser Stelle, dass es sich um Lernangebote handelt, bei denen Lernende kleine Lernpakete (sog. Apps) als kurzweilige Lektionen über das Internet zur Verfügung gestellt bekommen und bearbeiten.

Dieser Beitrag wird sich schrittweise dem Thema „Interaktive Übungen" am Beispiel von LearningApps.org nähern, indem Möglichkeiten des Tools und die Erstellung einer App exemplarisch aufgezeigt werden.

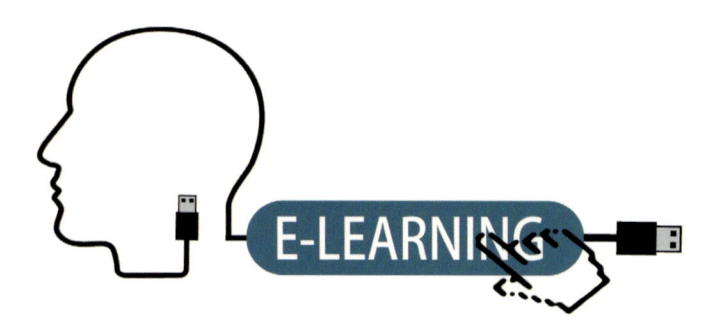

Interaktive Übungen erstellen

LearningApps.org – Worum geht es?

LearningApps.org ist ein kostenloses, webbasiertes Autorenwerkzeug, mit dem sich auf einfache Weise multimediale Lernbausteine in ansprechender Form online erstellen und verwalten lassen.

Entwickelt wurde diese Web-Oberfläche im Rahmen eines kooperativen Forschungsprojektes der Pädagogischen Hochschule Bern mit der Johannes-Gutenberg-Universität Mainz sowie der Hochschule Zittau/Görlitz. Unterstützt wurde und wird die Entwicklung und der Ausbau durch eine große Zahl an Lehrkräften.

Ziel war es, ein webbasiertes Lernangebot zu schaffen, das traditionelle Medien durch online bereitgestellte Medien (wie Audio- oder Video-Dateien) ergänzt.

Bereits beim ersten Kontakt mit der Oberfläche wird sichtbar, dass ein breitgefächertes Angebot von Aufgabentypen und -formaten vorhanden ist. Egal ob *Zuordnungsübungen*, *Kreuzworträtsel*, *Multiple-Choice-Quiz* oder *Wortgitter* – LearningApps.org bietet seinen Nutzerinnen und Nutzern ca. zwanzig verschiedene Aufgabenformate, die stetig von den Entwicklern erweitert werden.

Die Angebote sind nicht zwingend von Lehrpersonen zu erstellen, auch Lernende können mit wenig Aufwand selbst kleine Lernpakete entwickeln. Sie können dadurch ebenfalls zu Produzierenden eigener kleiner „Lernsnacks" werden.

Grafisch besticht die Oberfläche der Website durch einen hellen Hintergrund, frische Farben, eine übersichtliche Darstellung sowie eine anwenderfreundliche Navigation. Der zentrale Community-Ansatz bietet der Nutzerin bzw. dem Nutzer eine enorme Auswahl an bereits fertigen Apps. Diese können sofort genutzt, geteilt und den eigenen Bedürfnissen angepasst werden. Dabei ist es den Entwicklern gelungen, ein Online-Autorentool zu gestalten, das bei den Anwendenden keinerlei Programmierkenntnisse voraussetzt und sie dazu animiert, eigene multimediale Apps zu gestalten, um diese dann Lernenden zur Verfügung zu stellen. LearningApps.org bietet zudem die Möglichkeit, die Menüführung in verschiedenen Sprachen aufzurufen.

Learning-Apps nutzen und gestalten

„So viel offene Projektarbeit wie möglich, so viele kleinschrittige Übungen wie nötig", lautet einer der Hinweise von Axel Krommer, Philippe Wampfler und Wanda Klee im „didaktischen Schieberegler". Ein weiterer Hinweis bezieht sich auf „Kontrolle und Struktur versus Vertrauen und Freiheit" (Krommer 2020). Vorschnell könnte man zu kritisch auf diese Apps schauen, sind sie doch als kleinschrittige Übungen einsetzbar und sehr strukturiert.

Interaktive Übungen erstellen

Kleinschrittige Übungen haben dennoch ihre Daseinsberechtigung. Zum Beispiel, um Lernenden Sicherheit in routinierten Abläufen (Rechenoperationen o. ä.) oder beim Abrufen von Wissen (Vokabeln, Daten, Fakten ...) zu geben. Sie bilden eine wichtige Grundlage für selbstorganisiertes Lernen, für das Lernen in Projekten oder für andere offene Lernsettings.

Individuelles, selbstorganisiertes und eigenverantwortetes Lernen braucht aber auch Freiräume. Hier sollte es weniger um Kontrolle gehen. Der Fokus sollte stattdessen darauf gerichtet werden, wie die einzelnen Lernenden mit den Aufgabenformaten umgehen.

Die Apps selbst lassen sich überall im Netz abrufen sowie zeit- und ortsunabhängig bearbeiten. Lernende können so ihre Lerntätigkeit individuell organisieren und steuern, Lernstrategien entwickeln und einsetzen, Unterstützung durch die Lehrperson einholen und den eigenen Lernprozess reflektieren. Gelingensbedingungen dafür sind die Einbettung der Apps in einen Lernkontext, ein adäquates, verlässliches und vertrauensvolles Coaching, aber auch soziale Angebote, zielführendes Feedback (durch die Lehrperson oder als Peerfeedback) u. v. m.

In welchen Unterrichtsszenarien lassen sich Learning-Apps einsetzen?

Die Lernangebote lassen sich mit verschiedenen digitalen Endgeräten abrufen und bearbeiten. Ihr großer Vorteil ist, dass sie überall verfügbar sind und nicht ausgedruckt werden müssen. Sie eignen sich für Lernende, egal welcher Altersstufe. Sie lassen sich in der Schule unter der Anleitung und Betreuung durch die Lehrenden, aber auch außerhalb der Schule, beispielsweise als Hausaufgabe oder im Rahmen von Distanzunterricht, einsetzen. Für hybride Lernsettings ist es zielführend, wenn die Lernenden mit der Handhabung (Anmeldung, Navigation ...) im Vorfeld, also im Rahmen von Präsenzphasen, durch die Lehrkraft vertraut gemacht werden.

Learning-Apps lassen sich bequem unter *https://learningapps.org* aufrufen und nutzen. Man kann entweder die Apps frei durchstöbern oder gezielt über Schlagworte suchen. Schnell erhält man so einen Überblick über den Funktionsumfang des Angebotes. Für alle, die eigene Learning-Apps erstellen möchten, ist eine unkomplizierte Anmeldung erforderlich.

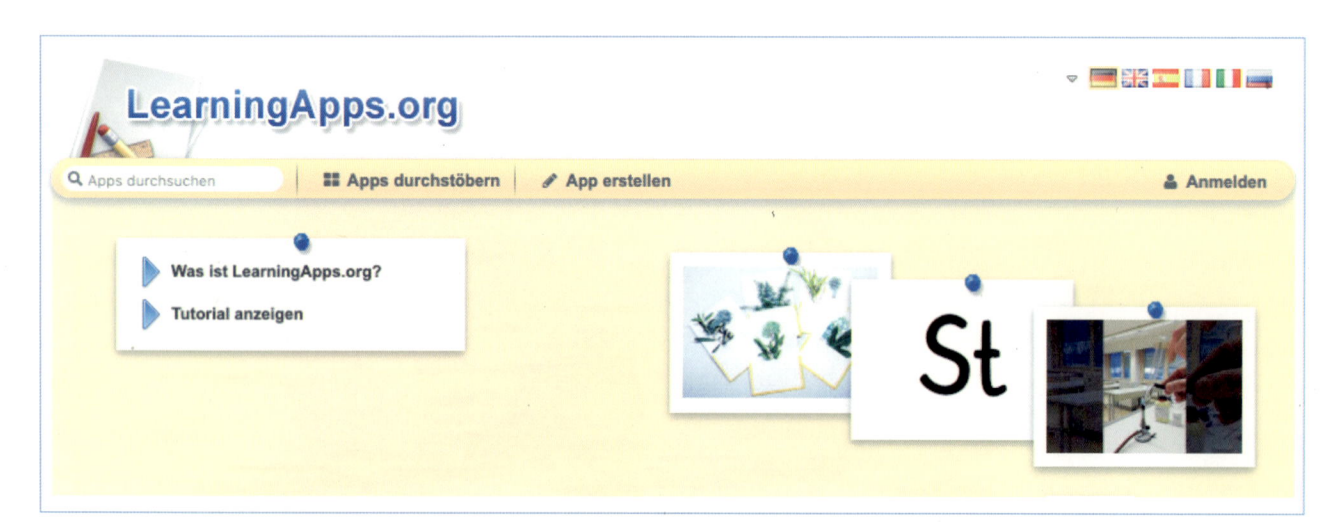

Interaktive Übungen erstellen

Auf der Startseite findet man Informationen zu LearningApps.org sowie ein Tutorial, das die wichtigsten Funktionen in Kürze erklärt.

Learning-Apps gestalten

Hat man einen eigenen Account erstellt, kann es losgehen.

Was man nun unbedingt benötigt, ist ein Thema und eine Idee zur Umsetzung. Mit einem Klick auf *App erstellen* wird man direkt weitergeleitet. Ein übersichtliches Strukturbild zeigt auf der dann folgenden Seite zunächst den Workflow auf:

1) Eine Idee haben.
2) Ein Format auswählen.
3) Mit Inhalten befüllen.
4) Die App speichern.
5) Die Übung mit anderen teilen.

Unterhalb dieser Grafik wählt man ein passendes Template aus. Zur Auswahl stehen beispielsweise *Paare zuordnen, Gruppenzuordnung, Zahlenstrahl, Einfache Reihenfolge, Freie Textantwort, Zuordnung auf Bild, Multiple-Choice-Quiz* und *Lückentext*:

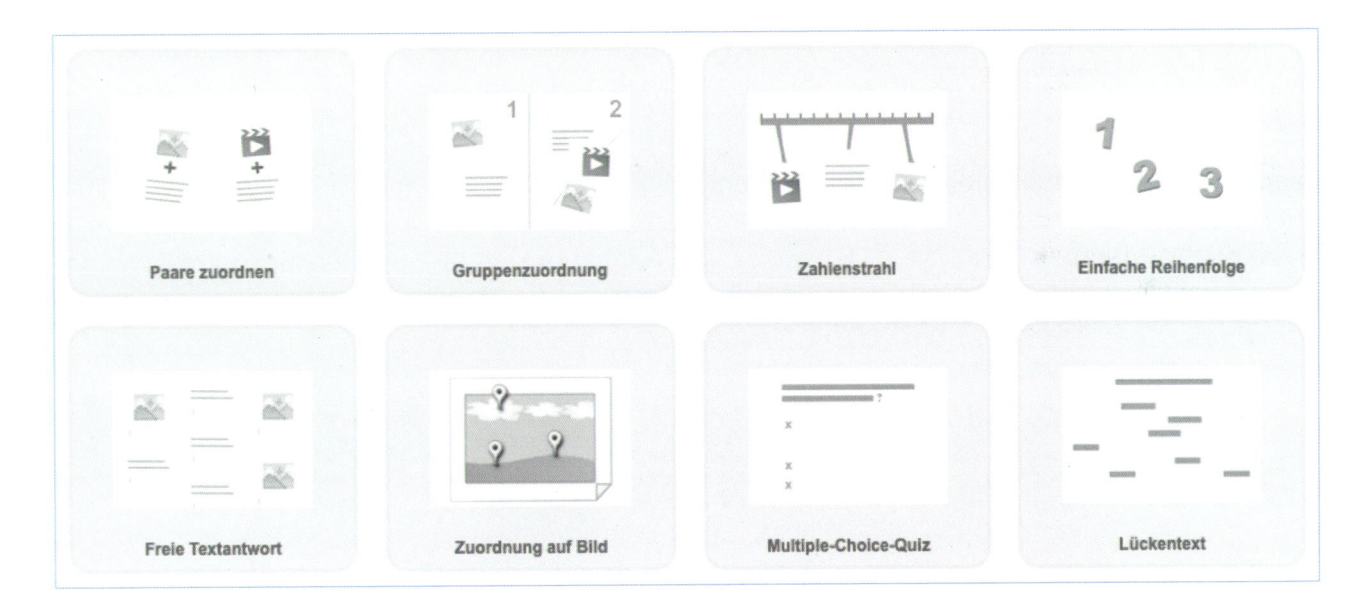

Paare zuordnen	Gruppenzuordnung	Zahlenstrahl	Einfache Reihenfolge
Freie Textantwort	**Zuordnung auf Bild**	**Multiple-Choice-Quiz**	**Lückentext**

Daneben gibt es noch folgende Optionen: *App-Matrix* (mehrere Apps zusammenfassen), *Audio/Video mit Einblendungen, Millionenspiel, Gruppenpuzzle, Kreuzworträtsel, Wortgitter, Wo liegt was?, Wörterraten, Pferderennen, Paare-Spiel, Schätzen, Abstimmung, Chat, Kalender, Notizbuch* und *Pinnwand*.

Das Erstellen der Apps selbst ist im Anschluss weitgehend selbsterklärend. In wenigen Schritten gelangt man schnell zum Ziel.

Interaktive Übungen erstellen

Anhand des folgenden Beispiels zum Thema „Ein Holzbrett mit Handbohrmaschine bohren" soll exemplarisch gezeigt werden, wie sich eine Learning-App erstellen lässt. Die Vorgehensweise ist bei nahezu allen angebotenen Apps identisch. Wichtig ist, dass man Materialien wie Videosequenzen oder Audiodateien im Vorfeld selbst erstellt bzw. vorrätig hat. Für das Beispiel bieten sich etwa folgende Grafiken (ungeordnet) zur Vorbereitung an:

Entgraten | Werkstück anreißen | Bohrer ansetzen und bohren | Werkstück fixieren | Bohrer einspannen | Bohrlochdurchstoß | Vorstechen

Das Nutzen freier Bildbibliotheken ist zu empfehlen, wenn man selbst nicht die passenden Bilder zur Hand hat. Dabei müssen urheberrechtliche Vorgaben unbedingt berücksichtigt werden.

In dem hier gezeigten Beispiel geht es um das Erstellen einer App im Format *Zahlenstrahl*. Dazu wählen wir auf der Startseite *App erstellen* und dann *Zahlenstrahl*. Hier lassen sich Karten mit unterschiedlichen Inhalten oder Formaten (Zahlen, Jahreszahlen, Arbeitsschritte …) an einem Zahlenstrahl anheften, wobei es beim Lösen auf die richtige Reihenfolge ankommt. So gehen wir vor:

Zunächst tragen wir den Namen für die App ein.

Titel der App

Holzbrett mit Handbohrmaschine bohren

Anschließend folgt analog die Aufgabenstellung.

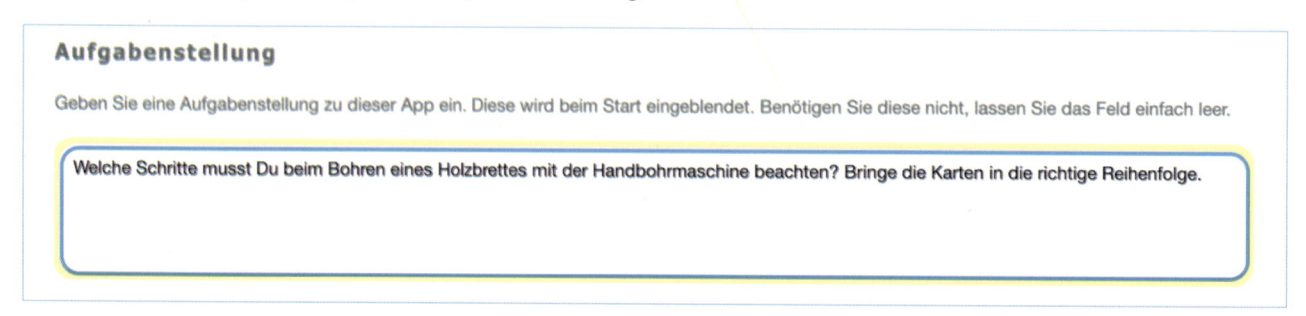

Aufgabenstellung

Geben Sie eine Aufgabenstellung zu dieser App ein. Diese wird beim Start eingeblendet. Benötigen Sie diese nicht, lassen Sie das Feld einfach leer.

Welche Schritte musst Du beim Bohren eines Holzbrettes mit der Handbohrmaschine beachten? Bringe die Karten in die richtige Reihenfolge.

Im Folgenden werden die einzufügenden Materialien gewählt. Diese können das Format *Text*, *Bild*, *Text zu Audio*, *Audio* oder *Video* haben. Die entsprechenden Dateien können selbst erstellt sein oder von Bilddatenbanken bzw. Videoplattformen eingefügt werden.

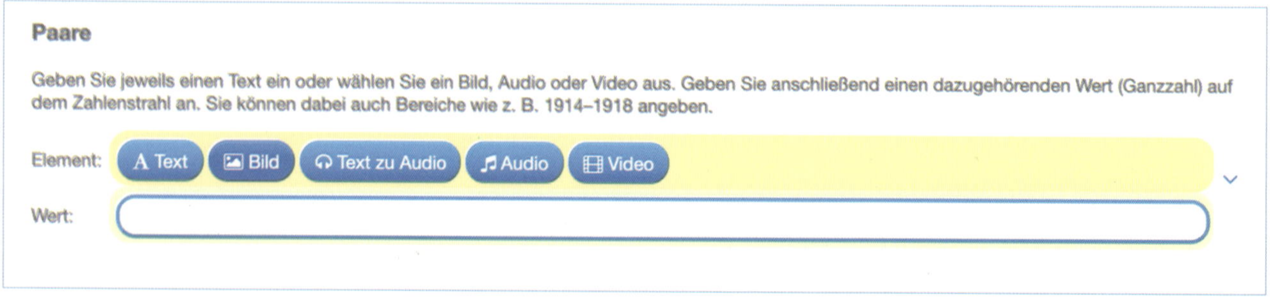

Paare

Geben Sie jeweils einen Text ein oder wählen Sie ein Bild, Audio oder Video aus. Geben Sie anschließend einen dazugehörenden Wert (Ganzzahl) auf dem Zahlenstrahl an. Sie können dabei auch Bereiche wie z. B. 1914–1918 angeben.

Element: A Text | Bild | Text zu Audio | Audio | Video
Wert:

Interaktive Übungen erstellen

Mit der Wahl von *Bild* öffnet sich ein neues Fenster. Hier legt man die Bildquelle fest und fügt die entsprechende Datei ein.

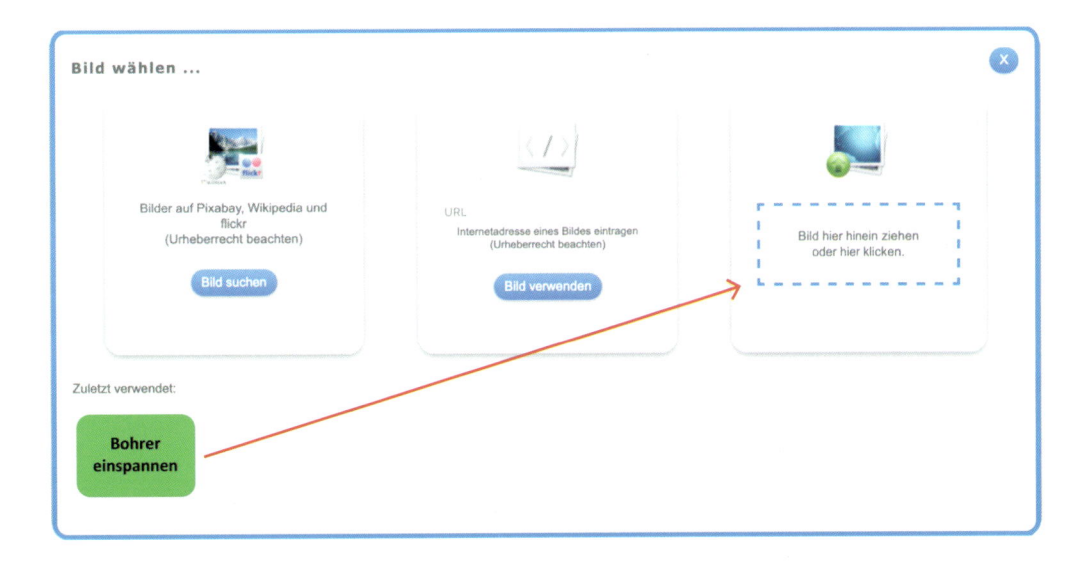

Das Eintragen des Wertes führt zur richtigen Zuordnung auf dem Zahlenstrahl. Hier werden sieben Karten zu sieben Werten zugeordnet.

Dieser Vorgang wird so lange wiederholt, bis alle Karten platziert sind.

Am Ende lässt sich ein kleines schriftliches Feedback festlegen, das über ein Fenster eingeblendet wird, wenn alle Lösungen gefunden wurden.

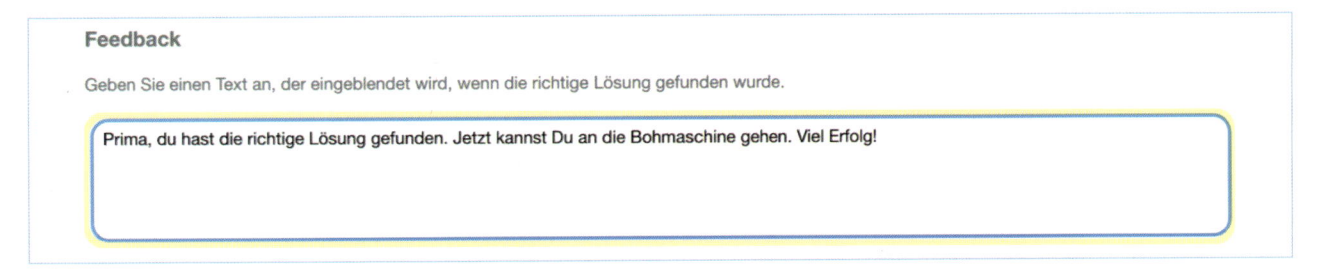

Interaktive Übungen erstellen

Auch Hilfestellungen lassen sich im Vorfeld planen. Diese können bei Bedarf von den Anwendenden abgerufen werden.

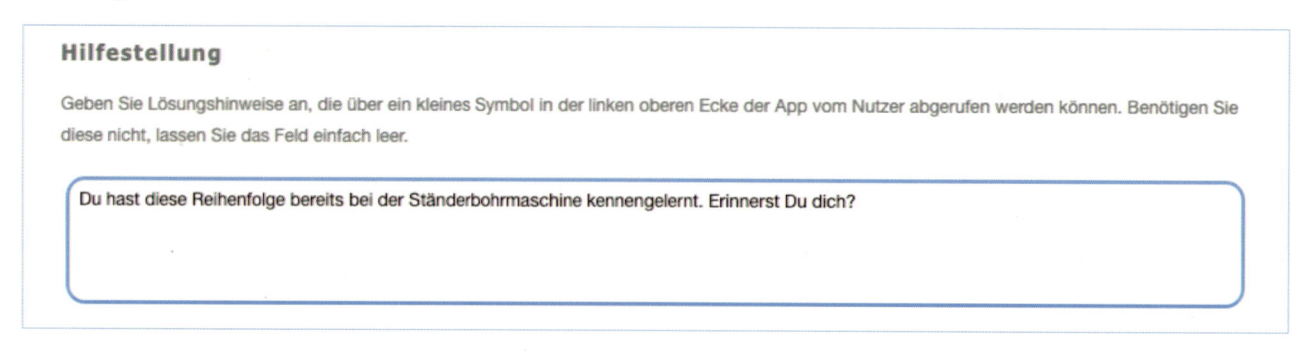

> **Hilfestellung**
>
> Geben Sie Lösungshinweise an, die über ein kleines Symbol in der linken oberen Ecke der App vom Nutzer abgerufen werden können. Benötigen Sie diese nicht, lassen Sie das Feld einfach leer.
>
> Du hast diese Reihenfolge bereits bei der Ständerbohrmaschine kennengelernt. Erinnerst Du dich?

Das Erstellen ist beendet; die App kann getestet werden. Dazu wählt man *Fertigstellen und Vorschau anzeigen*.

▶ Fertigstellen und Vorschau anzeigen

Die App wird aufgerufen und auf ihre Funktionsfähigkeit überprüft. Ggf. muss sie noch einmal angepasst werden oder sie kann gespeichert werden.

← erneut anpassen ✓ App speichern

Interaktive Übungen erstellen

Weitere Beispiele für Learning-Apps

Die folgenden Beispiele zeigen weitere mögliche App-Formate auf. Neben Zuordnungen lassen sich auch Übungen erstellen, die kooperatives oder kollaboratives Arbeiten ermöglichen. Hierzu zählen beispielsweise die *Pinnwand* oder die *Mindmap*.

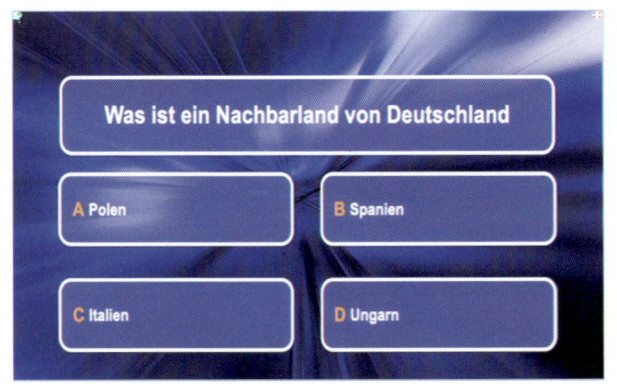

Millionenspiel

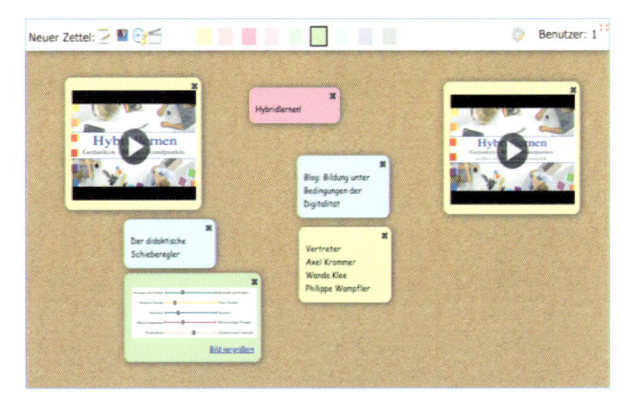

Pinnwand mit Bild, Text und Video

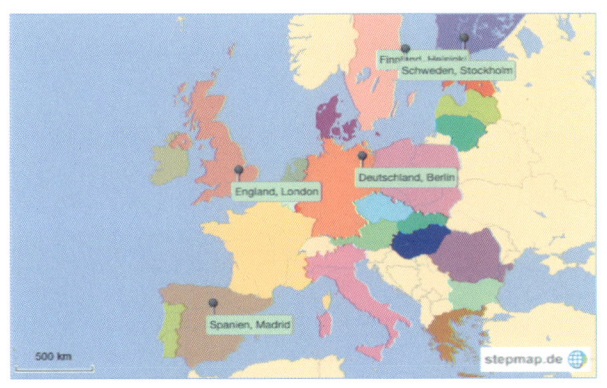

Gruppenzuordnung

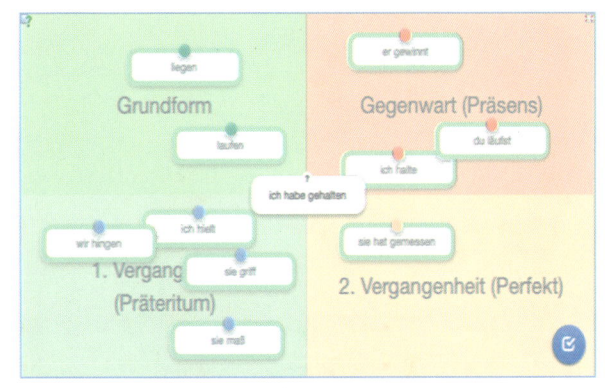

Gruppenzuordnung

Die Bearbeitung der einzelnen Apps durch die Lernenden nimmt nur wenig Zeit in Anspruch. Dadurch und durch spielerische Elemente, einen hohen Motivationsgrad sowie spannende Challenges werden die Kinder eigenständig und intrinsisch motiviert, nach weiteren „Lernsnacks" auf LearningApps.org zu suchen und diese zu bearbeiten.

Learning-Apps teilen und einbetten

Learning-Apps lassen sich auf verschiedene Weise teilen. Es ist somit nicht zwingend erforderlich, dass die Apps über die Web-Oberfläche von LearningApps.org abgerufen werden müssen. Die Angebote lassen sich über Weblinks teilen. Dazu kann man den Link verschicken bzw. die jeweilige App über einen *iFrame* in ein weiteres Webangebot (HTML-Element) einbetten.

Über *SCORM* lässt sich das Angebot auch auf Lernplattformen platzieren. Darüber hinaus besteht die Möglichkeit, Learning-Apps in *iBooks Author* zu integrieren.

Interaktive Übungen erstellen

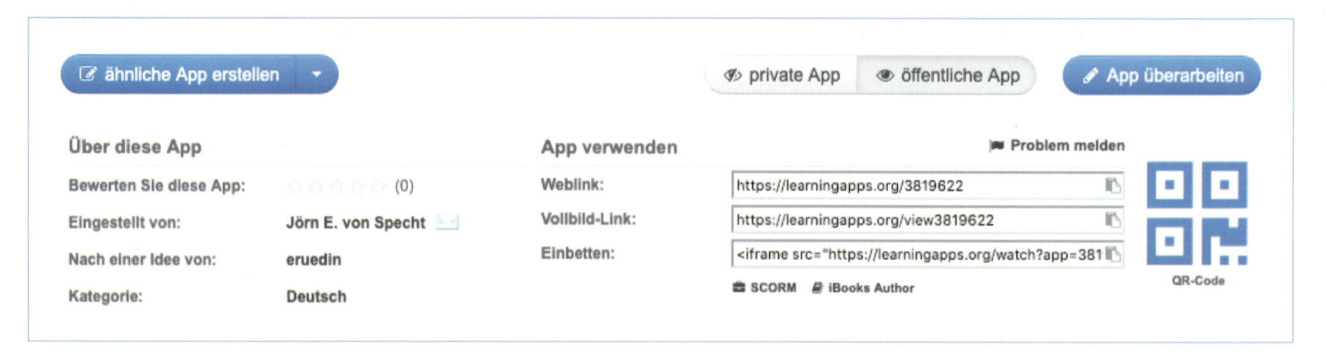

Mit ein wenig Arbeit lassen sich die Startbilder der Apps mit Bildbearbeitungsprogrammen modifizieren; natürlich kann man sie aber auch unbearbeitet verwenden. Die Bilder fügt man in eine Homepage seiner Wahl ein und verlinkt sie über den Web- oder Vollbild-Link mit dem Lernangebot.

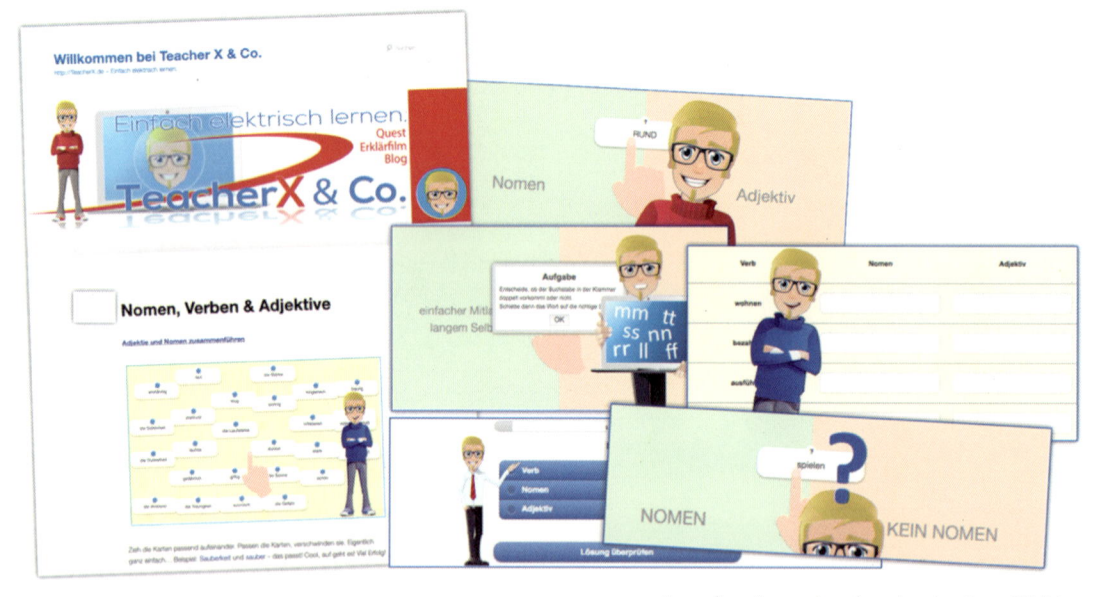

Learning-Apps eingebunden in einen Weblog

Möchte man beispielsweise Learning-Apps beim Stationenlernen einsetzen, bietet sich die Nutzung von QR-Codes® an. Diese lassen sich generieren, indem man unten rechts auf den kleinen blauen QR-Code® klickt. Der Code kann anschließend kopiert, gespeichert, geteilt oder ausgedruckt werden. Die Lernenden scannen ihn mit dem Handy und gelangen sofort zur App.

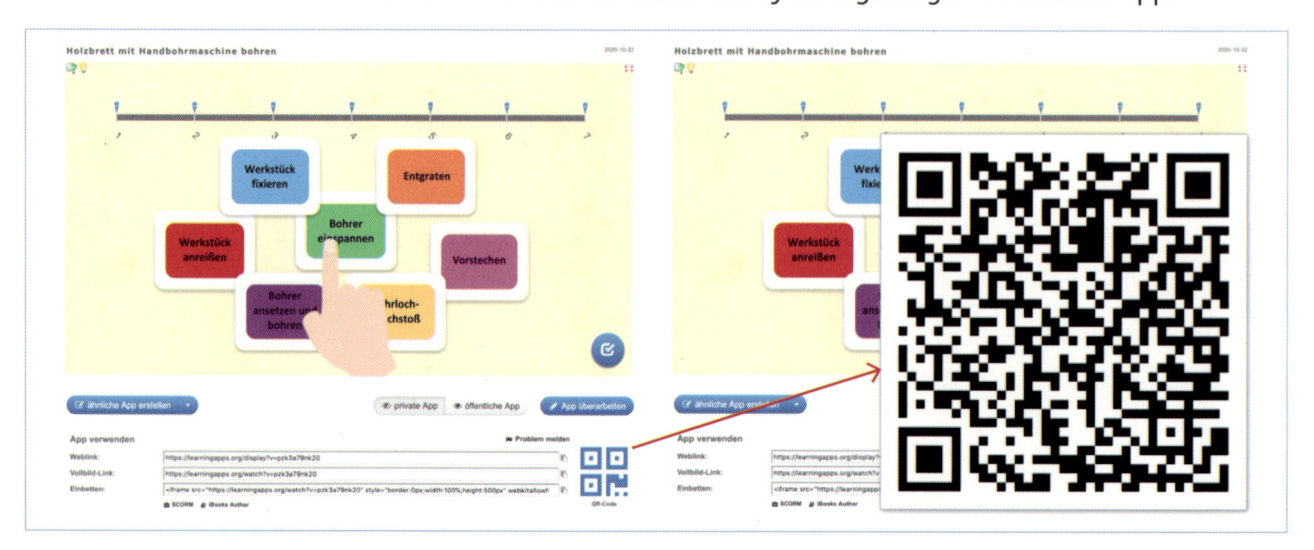

Interaktive Übungen erstellen

Learning-Apps für Lerngruppen

Möchte man erstellte oder geteilte Learning-Apps nicht über Nachrichten, E-Mails oder Weblinks auf der Schulhomepage einzeln verteilen, lohnt es sich, innerhalb von LearningApps.org Lerngruppen oder Klassen anzulegen. Hierzu wählt man *Meine Klassen*, trägt den Namen ein und bestätigt mit *Klasse erstellen*.

Über Schülerkonten lassen sich nun die Lernenden einpflegen. Passwörter können im Nachgang individuell angepasst werden.

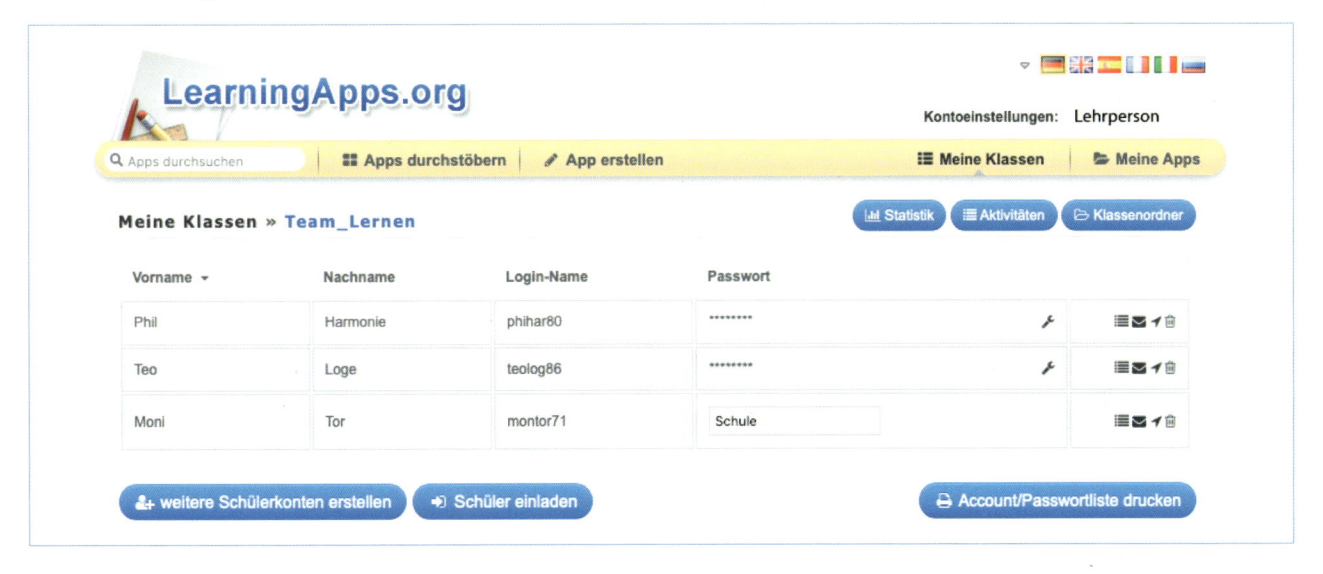

Um die Lernenden einzuladen, wählt man „Schüler einladen". Mittels des generierten Links oder des entsprechenden QR-Codes®, den man den Lernenden zukommen lässt, können sie auf die Apps zugreifen. Die Apps selbst lassen sich über die Schaltfläche *Klassenordner* anlegen.

Interaktive Übungen erstellen

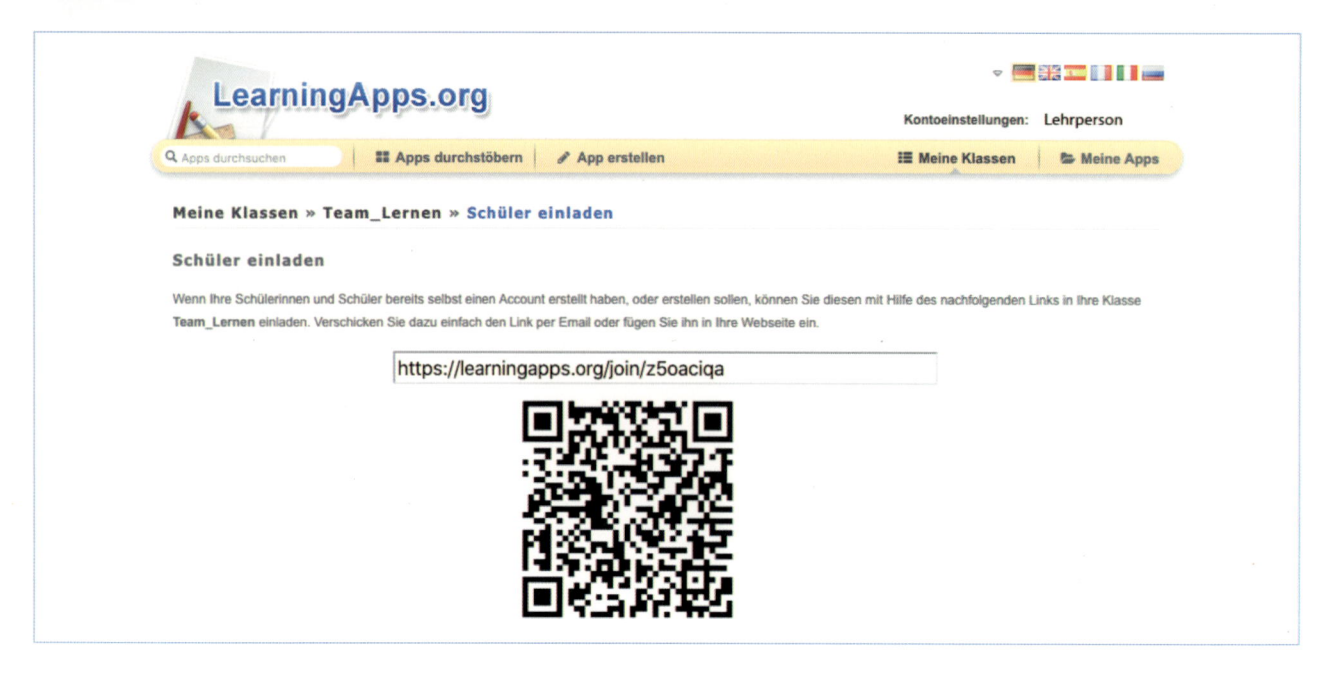

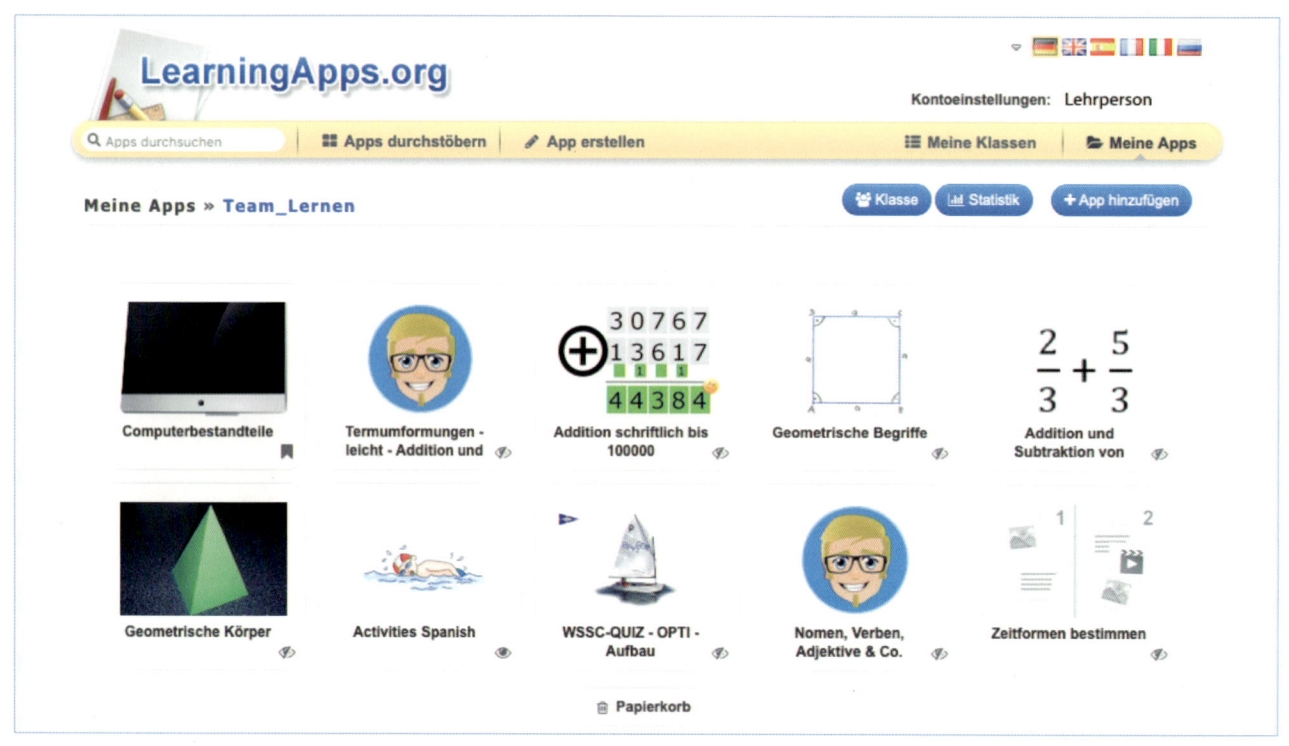

Apps für eine ausgewählte Lerngruppe

Interaktive Übungen erstellen

Potenziale von Learning-Apps

Spätestens seit der Corona-Pandemie stellt sich die Frage nach dem Mehrwert digitaler Bildungsangebote nicht mehr. In einer Zeit, die von Digitalisierung geprägt ist, in der Lehrende und Lernende privat über digitale Endgeräte und Zugang zum Internet verfügen und in der Schulen mehr und mehr die Möglichkeiten haben, die Ressourcen des Internets zu nutzen, können Web-Angebote die verschiedensten Lernsettings methodisch und inhaltlich bereichern. Für Lernszenarien, die ein Distanzlernen erfordern, sind digitale Lernangebote von besonderer Bedeutung, v. a. dann, wenn sie einfach handhabbar sind. Im Folgenden werden kurz und knapp Potenziale von Learning-Apps im unterrichtlichen Einsatz aufgezeigt:

- 👍 LearningApps.org ist kostenfrei.
- 👍 Sie erweitern die Angebotsvielfalt an Aufgabenformaten und lassen sich bestens in verschiedene Lernsettings einbinden.
- 👍 Sie eignen sich für den Einsatz am interaktiven Whiteboard.
- 👍 Sie bieten durch die eigene Bereitstellung fachspezifischer Inhalte ein „störungsfreies" Lernen und eignen sich für selbstgesteuertes und selbstorganisiertes Lernen.
- 👍 Sie können passgenau zu Lerninhalten und zielgruppenspezifisch erstellt werden.
- 👍 Sie bieten Möglichkeiten der Differenzierung oder zum Einsatz in inklusiven Lernsettings (Apps in verschiedenen Differenzierungsgraden).
- 👍 Sie können an individuelle Lernvoraussetzungen und Kompetenzen gut anknüpfen.
- 👍 Die Aufgabenstellung ist klar, kurz und nachvollziehbar gestaltet.
- 👍 Alle wesentlichen Inhalte sind in das Lernangebot integriert.
- 👍 Sie lassen sich geräte- und betriebssystemunabhängig einsetzen.
- 👍 Sind unabhängig von Zeit und Ort – Lernende können den eigenen Lernprozess gestalten.
- 👍 Sie bieten ein ausgewogenes Verhältnis zwischen Texten, Bildern, Audio- oder Videosequenzen.
- 👍 Sie können von Lehrenden und Lernenden erstellt werden – Lernende werden zu Produzenten und Produzentinnen.
- 👍 Sie lassen sich unkompliziert in weitere Web-Oberflächen einbinden.

Learning-Apps – kleine Stolpersteine und einfache Lösungen

Das Erstellen von eigenen Learning-Apps sollte für Lehrende keine Hürde darstellen. Die übersichtliche Web-Oberfläche bietet eine Struktur, mit der sich verlässlich arbeiten lässt. Der Produzent bzw. die Produzentin benötigt im Grunde genommen ein Thema und eine Idee, die sie bzw. er umsetzen möchte, sowie die Bereitschaft, eigene Lernangebote in diesen Aufgabenformaten zu generieren.

Wo sind Stolpersteine auszumachen, um Apps zielführend zu erstellen?

Interaktive Übungen erstellen

Die Erstellung eigener Learning-Apps braucht ein stabiles Netzwerk (LAN, WLAN) mit Internetanbindung. In Zeiten der zunehmenden Digitalisierung werden auch Schulen mehr und mehr ans Netz gebracht. Ist diese erste Hürde genommen, kann es losgehen. Zudem lassen sich die Apps auch bequem vom heimischen Schreibtisch generieren.

Das Erstellen eigener Apps stellt, dies wurde hier gezeigt, keine große Herausforderung für die eigenen digitalen Kompetenzen dar. Hier sollte man zunächst keine zu hohen Ansprüche an die Gestaltung stellen. Es geht um das Verstehen der Oberfläche. Einfache Text- oder Bild-Text-Kombinationen eignen sich bestens für den Einstieg. Das Ergebnis kann sich sofort sehen lassen. Allein das Erstellen eigener Materialien, wie Fotos, Grafiken, Audio-Dateien oder kleinere Videosequenzen, stellt einen erhöhten Aufwand dar, den Lernende gern honorieren.

Des Weiteren sollten Lehrpersonen, die die erstellten Apps im Unterricht einsetzen wollen, die Verlinkungen unter realen Bedingungen, also in der Schule, testen. Heimische Router haben oftmals weniger restriktive Einstellungen als die Filtersoftware in der Schule. Können einzelne Verlinkungen nicht abgerufen werden, weil der Webfilter sie blockiert, reicht meist ein Gespräch mit der Administratorin bzw. dem Administrator vor Ort oder der zuständigen Person am Medienzentrum.

Sind die Stolpersteine beiseite geräumt, steht dem Einsatz und Erfolg von Learning-Apps nichts mehr im Wege.

Probieren Sie es einfach aus. Viel Erfolg!

Literatur und Links

- Krommer, A. (2020): Didaktische Schieberegler. Oder (Distanz-)Lernen und pädagogische Antinomien.
  URL: https://axelkrommer.com/2020/07/02/didaktische-schieberegler-oder-distanz-lernen-und-padagogische-antinomien/

- LearningApps.org (o. D.): Was ist LearningApps.org?
  URL: https://learningapps.org/about.php

- Medienzentrum Frankfurt (2020): Hybridlernen – Gedanken, Idee, Standpunkte.
  URL: https://www.youtube.com/watch?v=dog0dMcqAdk

- von Specht, J. (2020): TeacherX & Co. – Einfach elektrisch lernen.
  URL: https://elektrischlernen.wordpress.com/learningapps/

Arbeiten mit kollaborativen Webtools

Markus Betschelt

Vorwort

Digitales Unterrichten kann den Unterricht vor Ort nicht ersetzen. Es ist jedoch möglich, Distance Learning mithilfe von Webtools so zu gestalten, dass der digitale Unterricht über Videokonferenzen und E-Mail-Kontakte hinausgeht. Dazu braucht es, wie im Präsenzunterricht auch, Formen des kooperativen und kollaborativen Arbeitens, sodass Lernende auch digital, gemeinsam und im Austausch miteinander produktiv an einem Lerngegenstand arbeiten können. Dies stärkt das soziale Miteinander nicht nur vor Ort in der Schule, sondern ebenso, wenn Unterricht ausschließlich digital stattfindet.

Webtools, die kooperatives und kollaboratives Arbeiten in digitaler Form ermöglichen, sind zum Beispiel „Padlet", „ZUMpad", „eduPad", „Prezi" u.v.m. Ein Webtool ist eine Onlineanwendung, für deren Benutzung keine Software auf dem abrufenden Endgerät installiert werden muss. Dies ist besonders für die Verwendung durch Lernende sinnvoll, da Inhalte von jedem Gerät (z.B. PC, Laptop, Smartphone, Tablet) mit Internetzugang und Internetbrowser abgerufen werden können. Für den Zugang wird meist nur der jeweilige Link und ggf. ein von der Lehrkraft festgelegtes Passwort benötigt. Zum Teil ist es notwendig, dass sich Lernende einen eigenen Account (via E-Mail und Passwort) für das Webtool anlegen.

Padlet, eduPad und Co. – Kollaborative Webtools

Padlet, eduPad und Kahoot! im Kurzportrait

Webtool	eduPad	Padlet	Kahoot!
Zugang/ Startseite	https://edupad.ch/#about	https://de.padlet.com	Zum Erstellen: https://kahoot.com Zum Spielen: https://kahoot.it
Kurzbeschreibung	EduPad ist ein Online-Textverarbeitungsprogramm. Es ermöglicht kollaboratives und kooperatives Verfassen und Bearbeiten von Texten in Echtzeit. Hierdurch können mehrere Lernende an einem Text gleichzeitig arbeiten.	Padlet ermöglicht das Erstellen von digitalen Pinnwänden unterschiedlicher Formate. Die Pinnwände können mit Bildern, Videos, Sprachaufnahmen, Zeichnungen, hochgeladenen Dateien u. v. m. versehen werden.	Kahoot! ermöglicht das Erstellen von interaktiven Multiple-Choice-Quiz für alle Fächer. Die Lernenden spielen das Quiz live. Für jede Frage ist eine Beantwortungszeit vorgegeben. Quizfragen können mit Bildern oder Videos versehen werden.
Kosten	Kostenlos, ohne Einschränkungen.	Basisversion kostenlos. Bis zu drei Pinnwände/Leinwände nutzbar.	Kostenlos für Multiple-Choice- und Wahr-oder-falsch-Quiz in Klassengröße. Andere Formate (z. B. Umfragen) sind nur in der Premium Mitgliedschaft enthalten.
Anmeldung Lehrkraft	Keine Anmeldung erforderlich.	Erforderlich via E-Mail oder bereits bestehendem Google-, Facebook- oder Microsoft-Account.	Erforderlich via E-Mail und Google-, Microsoft- oder Apple-Account.
Teilnahme der Lernenden	Mittels Link. Eine Einbettung des Links in eine Website ist möglich.	Mittels Link, Linkeinbettung auf Website oder QR-Code®. Setzen eines Passwortes ist möglich.	Via Link (s. oben) und Teilnahmecode. Kahoot! generiert auf Wunsch für die Teilnehmer[1] lustige Spielernamen. Die App ist nicht erforderlich.

---

[1] Der besseren Lesbarkeit halber wird in diesem Beitrag nur die männliche Form verwendet. Sofern nicht anders gekennzeichnet, sind damit auch die weiblichen Formen jeweils mit eingeschlossen.

Padlet, eduPad und Co. – Kollaborative Webtools

Webtool	eduPad	Padlet	Kahoot!
Distance Learning	EduPad ermöglicht das ortsunabhängige, gemeinsame Bearbeiten und Erstellen von Texten in Echtzeit (bis zu 15 Personen pro Pad). Trotz räum-licher Trennung können mit eduPad Ergebnisse aus kooperativen Arbeitsphasen gesichert und anderen zugänglich gemacht werden.	Aufgaben mit Texten, Links, Bildern und Videos werden den Lernenden mittels verschiedener Pinnwände zugänglich gemacht. Lernende haben die Möglichkeit, Fragen zu den Aufgaben zu stellen Arbeitsergebnisse in Form von Texten, Bildern, Videos oder Audios zu teilen und Bewertungen vorzunehmen.	Mit der Spieloption „Assign challenge" (Herausforderung vergeben) kann den Lernenden ein Quiz für zu Hause zugänglich gemacht werden. Hierbei kann eingestellt werden, bis wann das Quiz (Datum/Uhrzeit) abrufbar ist. Der Zugang erfolgt über einen Teilnahmecode. Die Lehrkraft erhält eine Übersicht aller Teilnehmer und die richtigen Antworten pro Frage in Prozent.
Präsenzunterricht	Kann in kooperativen Unterrichtssequenzen zur Ergebnissicherung und -präsentation genutzt werden.	Arbeitsergebnisse aus kooperativen Arbeitsformen können für alle zugänglich gemacht werden. Zurverfügungstellen von Lernplänen, Links, Videos, Bildern, Hausaufgaben u.v.m.	Die Spieloption „Teach" ermöglicht es, ein Quiz mit der ganzen Klasse live zu spielen. Hierfür werden die Fragen und Antwortmöglichkeiten via Beamer präsentiert. Die Beantwortung erfolgt durch die Lernenden via Smartphone oder Tablet.

Im Folgenden werden die beiden Tools Padlet und eduPad intensiver vorgestellt. Auf ähnliche Art und Weise lässt sich dies auch auf Kahoot! transferieren, weshalb darauf nicht weiter eingegangen wird.

Padlet, eduPad und Co. – Kollaborative Webtools

Padlet

Mithilfe von Padlet können digitale Pinnwände mit Notizen und Informationen erstellt werden. Jeder, der den Link zur veröffentlichten Pinnwand hat, kann darauf zugreifen. Um den Zugriff durch Fremde zu verhindern, kann ein Passwort für den Zugang zur Pinnwand gesetzt werden.

In der nachfolgenden Abbildung sehen Sie ein Beispiel aus dem Sachunterricht zum Thema „Der Igel" für die Umsetzung mit Padlet.

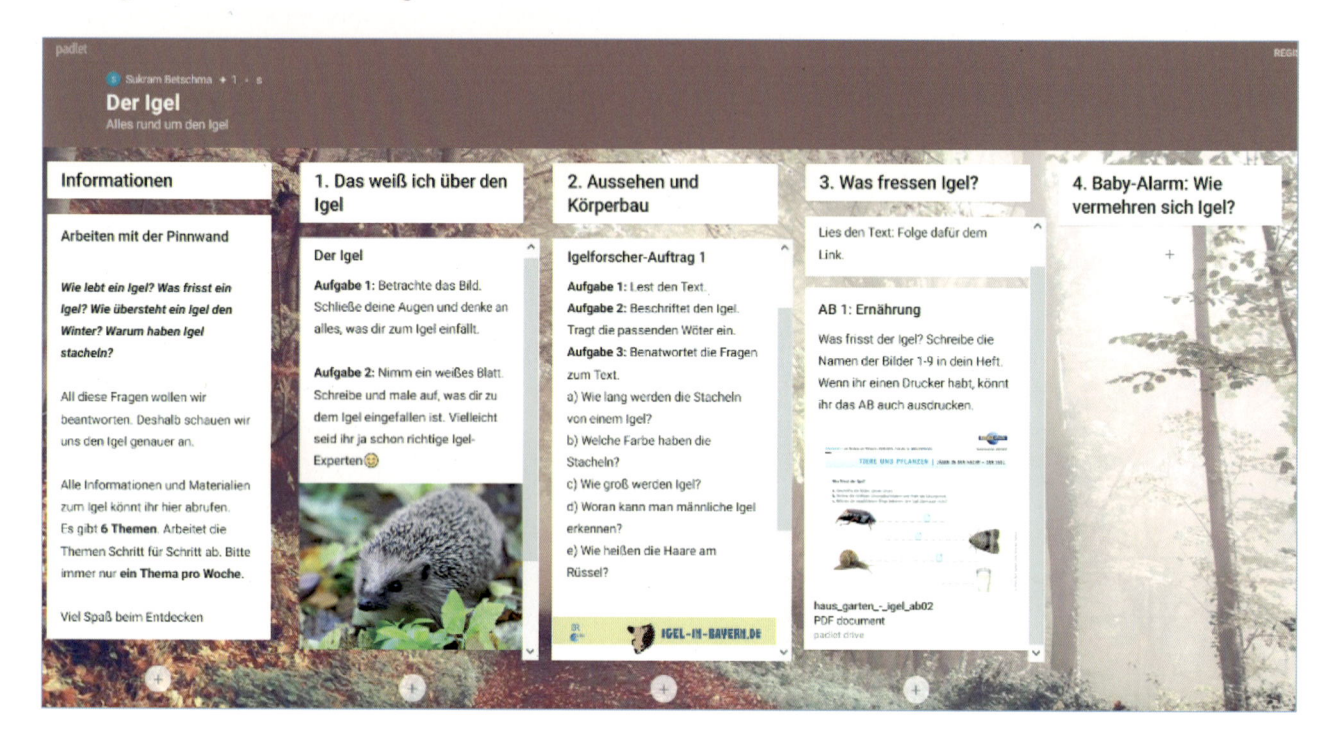

Wie kann ich Padlet im Unterricht einsetzen?

Das Webtool eignet sich für den Einsatz im Präsenzunterricht und für die Durchführung von Distanzunterricht. Dort kann es zentraler Ort der Steuerung und Organisation von Lernprozessen sein, da es die Möglichkeit bietet, Lernprozesse digital zu initiieren, zu organisieren und zu steuern.

Auszug an Möglichkeiten zur Verwendung von Padlet für den Unterricht

- Termine für Videokonferenzen mitteilen
- Aufgaben veröffentlichen
- Sozialformen für die Bearbeitung von Aufgaben einteilen
- Methoden zur Bearbeitung vorgeben
- Arbeitsergebnisse von Lernenden veröffentlichen (z. B. in Form von Links, Bildern, Dateien, Videos, Audioaufnahmen, Zeichnungen in Padlet) und diskutieren lassen
- Feedback zu Inhalten, Materialien und Aufgabenstellungen mittels Bewertungsfunktion
- Mitteilung von Hausaufgaben

Padlet, eduPad und Co. – Kollaborative Webtools

Zugang zu Padlet

Für Lehrpersonen

Damit Pinnwände mit Padlet gestaltet und angelegt werden können, ist eine Registrierung mit einer E-Mail nötig. Die Anmeldung kann über ein Google-, Microsoft- oder Facebook-Konto erfolgen.

Padlet lässt sich mit dem Computer ohne Installation einer Software nutzen, auf dem Smartphone ist die Nutzung der App von Vorteil. Die App gibt es für Android, iOS und Kindle E-Reader. Nutzer am Computer können sich Erweiterungen für ihren Browser installieren, die das Einfügen von Bildern und Videos erleichtern. Diese Erweiterungen sind jedoch kein Muss.

Für Lernende

Einen Zugang zu freigegebenen Pinnwänden erhalten Lernende, indem sie von ihrer Lehrkraft einen Link oder einen QR-Code® erhalten, der sie zur Pinnwand leitet. Da die Pinnwände für alle Personen abrufbar sind, die den Link kennen, ist es ratsam, den Zugang mit einem Passwort zu sichern (Einstellung s. *Checkliste für Lehrkräfte*).

Unterrichtsszenarien

A) **Arbeitsteilige Gruppenarbeit (Gruppenpuzzle)**: Die Lernenden arbeiten an unterschiedlichen Teilthemen zu einem Oberthema. Für jede Gruppe erstellt die Lehrkraft einen Post mit dem Teilthema und der Aufgabenstellung. Die Ergebnisse können dann von den jeweiligen Gruppen entweder als Kommentar oder als richtiger Post veröffentlicht werden. Veröffentlichen die Lernenden ihre Ergebnisse als Post, haben sie die Möglichkeit, Medien (z.B. Bilder, Videos) einzufügen. So können beispielsweise handschriftliche Ergebnisse als Bild hochgeladen werden. Sollen Lernende selbst Posts erstellen, ist es ratsam, die Genehmigungsfunktion (s. Checkliste auf S. 7) zu aktivieren. Die Lehrkraft hat dann die Möglichkeit, Posts vor dem Veröffentlichen einzusehen und genehmigen zu können. Das Veröffentlichen von unpassenden Inhalten ist dadurch nicht möglich.

B) **Stationenarbeit**: Die Wand „Regal" bietet hierfür eine gute Ausgangsstruktur, mit der einzelne Stationen vorgegeben werden können. Aufgabenstellungen können als Post eingefügt werden. Vorteil dabei: Sie können auch hier direkt Videos, Texte oder Bilder als Informationsquelle einbinden.

C) **Lernplan**: Der zeitliche Ablauf kann vorgegeben und dazu die Wand „Timeline" eingesetzt werden.

D) **Brainstorming: Cluster/Mindmap/Concept-Map**: Hierfür eignet sich die Wand des Typs „Leinwand". Nach dem Einfügen von Posts können diese miteinander verbunden werden und ein sog. Etikett (Beschriftung am Pfeil) erhalten. Zum Verbinden der Posts „Start-Post" auswählen, oben rechts auf die drei Punkte tippen und im Dialogfeld „mit einem Post verknüpfen" auswählen. Danach werden alle Verbindungsmöglichkeiten angezeigt. Passenden Post auswählen und (wenn gewünscht) eine Beschriftung am Pfeil eingeben via „Etikett (optional)". Danach auf „verbinden" tippen.

E) **Laborjournal**: Sie können Padlet für die Dokumentation von Experimenten und Versuchen im Sachunterricht nutzen. Die Lernenden können die Inhalte zu einem Versuchsprotokoll arbeitsteilig posten (oder jede Gruppe ihren eigenen Versuch). Lassen Sie während einer Unterrichtseinheit Protokolle zu den Versuchen nur einmalig posten, kann ein digitales Laborjournal erstellt werden, das am Ende alle Versuche eines Themas zusammenfasst.

Beim digitalen Protokollieren können auch Schwerpunkte gesetzt werden, indem die Lernenden z.B. nur die Beobachtungen und die Auswertung posten und die restlichen Inhalte vorgegeben sind. Vorteilhaft ist hier, dass Lernende ein Video ihres Versuches hochladen können. Dieses kann später zur Nachbesprechung und eventuell für eine Fehleranalyse genutzt werden.

Digitale Pinnwand erstellen mit Padlet – so geht's

1. Startbildschirm

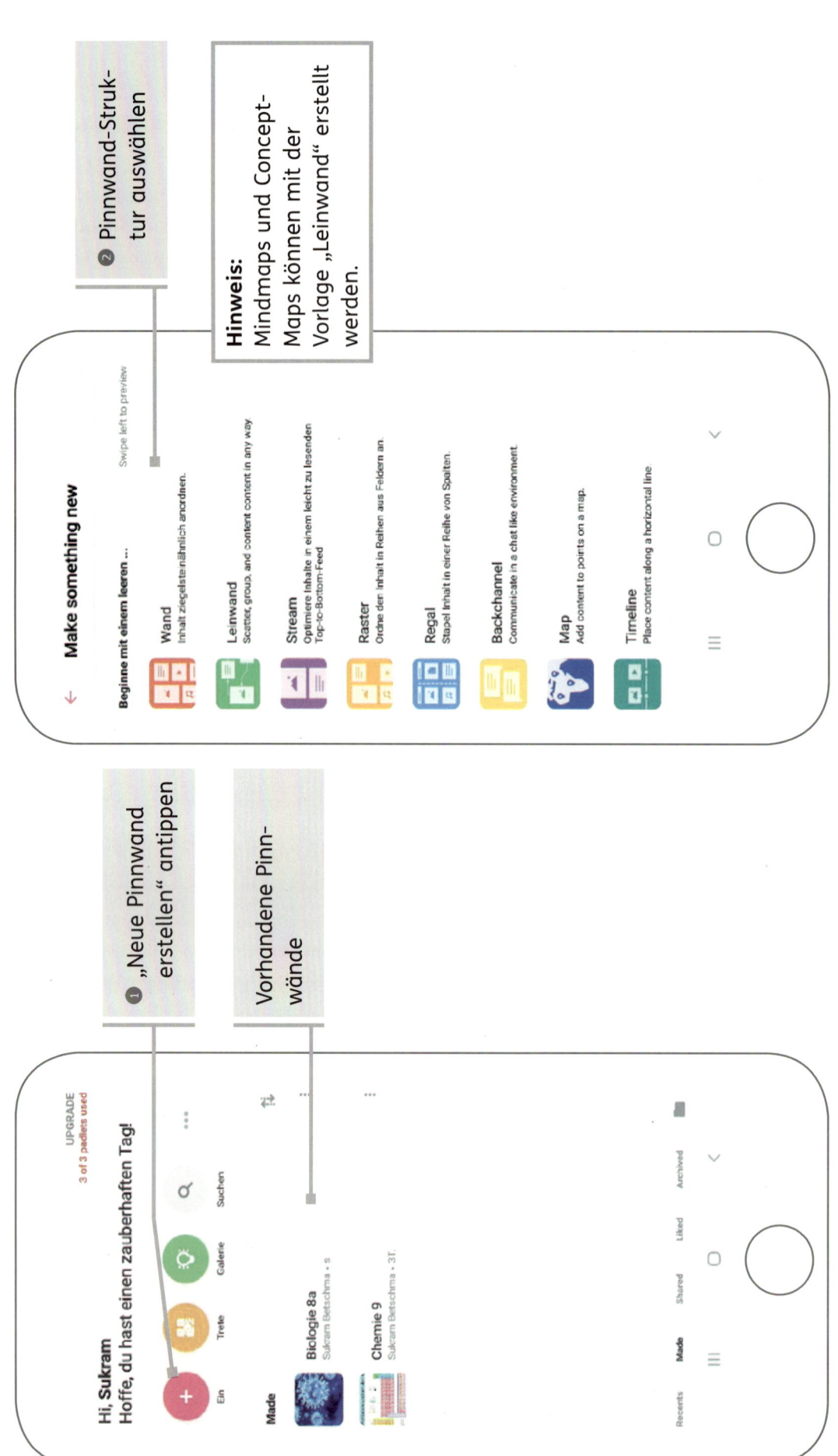

① „Neue Pinnwand erstellen" antippen

Vorhandene Pinnwände

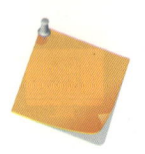

2. Pinnwand-Auswahl

② Pinnwand-Struktur auswählen

Hinweis: Mindmaps und Concept-Maps können mit der Vorlage „Leinwand" erstellt werden.

Erste Schritte mit Padlet

Erste Schritte mit Padlet

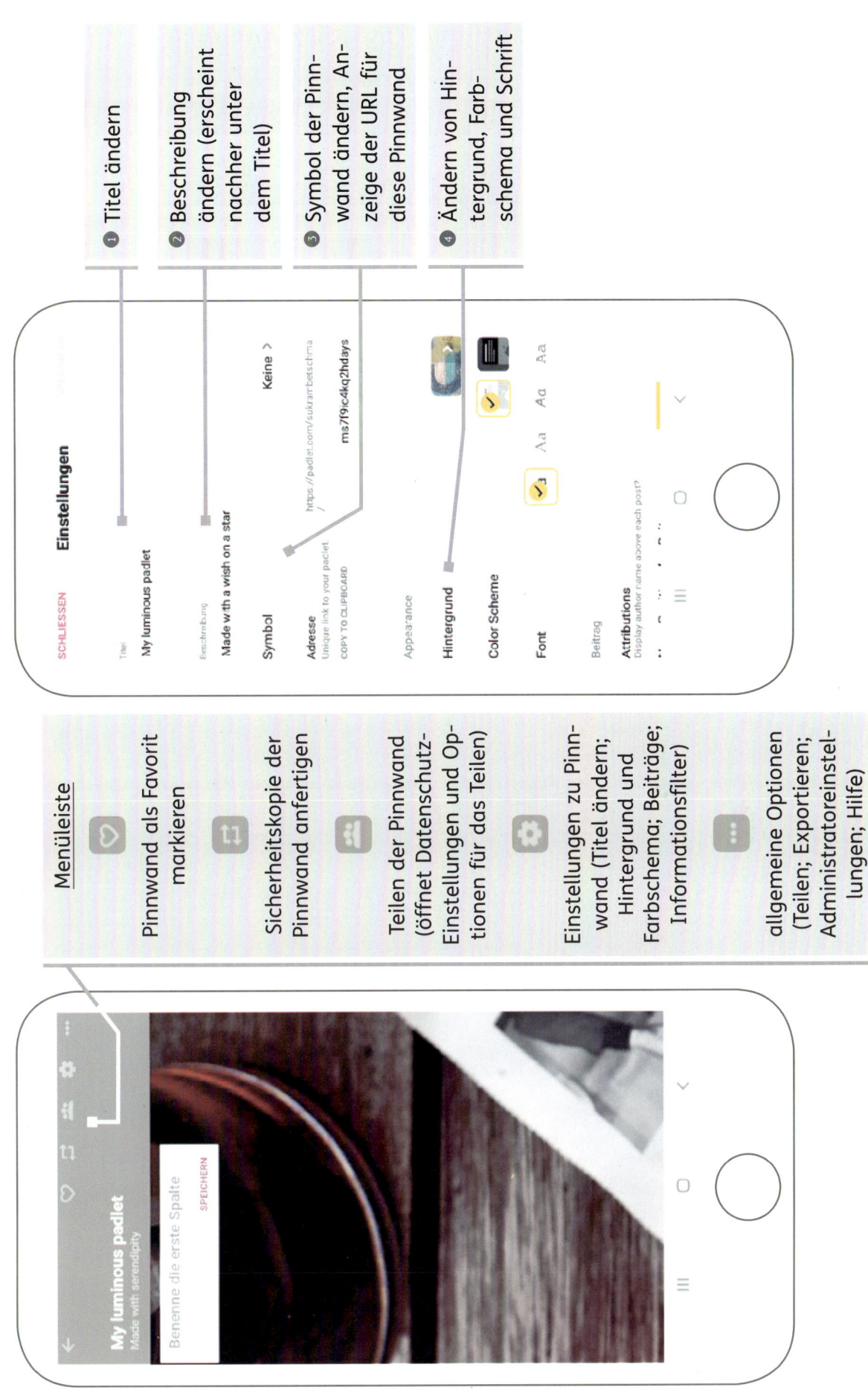

4. Pinnwand umbenennen

① Titel ändern

② Beschreibung ändern (erscheint nachher unter dem Titel)

③ Symbol der Pinnwand ändern, Anzeige der URL für diese Pinnwand

④ Ändern von Hintergrund, Farbschema und Schrift

3. Startseite Pinnwand

Menüleiste

- Pinnwand als Favorit markieren
- Sicherheitskopie der Pinnwand anfertigen
- Teilen der Pinnwand (öffnet Datenschutz-Einstellungen und Optionen für das Teilen)
- Einstellungen zu Pinnwand (Titel ändern; Hintergrund und Farbschema; Beiträge; Informationsfilter)
- allgemeine Optionen (Teilen; Exportieren; Administratoreinstellungen; Hilfe)

© PERSEN Verlag

Erste Schritte mit Padlet

Checkliste: Vorbereitung der Arbeit mit Padlet im Unterricht

Prüfen Sie durch Befragung der Lernenden, ob ein **Internetzugang vorhanden** ist, um die digitale Pinnwand aufzurufen. ☐

Kommentarfunktion an oder aus? Benötigen die Lernenden diese Funktion für den Austausch? ☐

Tipp: Aktivieren Sie diese Funktion nur für den Bearbeitungszeitraum, bereits veröffentlichte Kommentare bleiben erhalten.

Sollen die Lernenden selbst Inhalte, z. B. in Form von **Arbeitsergebnissen**, auf der Pinnwand **posten**? Dies erlauben Sie über:
Teilen → Datenschutz → Change privacy → Auswahl aus: Privat/Passwort/Geheim/Öffentlich → Visitor permissions → Kann lesen/Kann schreiben/Can edit (kann Posts bearbeiten und genehmigen). ☐

Eine **Kontrolle** von zu veröffentlichenden **Posts der Lernenden** können Sie vornehmen, wenn die Genehmigungsfunktion für Posts aktiviert ist:
Einstellungen → Content Filtering (Inhaltsfilter) → Require approval (Genehmigung benötigt) auswählen (Regler nach rechts). ☐

Sollen Lernende Aufgabenstellungen etc. bewerten, dann kann die **Bewertungsfunktion** aktiviert werden unter: *Einstellungen → Beiträge → Reaktionen.* ☐

Vor der erstmaligen Nutzung der fertigen Pinnwand durch die Lernenden bietet es sich an, dass sie dazu aufgefordert werden, einen QR-Code®-Scanner auf dem Smartphone zu installieren. Dies erleichtert das Abrufen der Pinnwand und kann als Hausaufgabe erfolgen. Ggf. kann es ratsam sein, die Eltern über die Arbeit mit Padlet in einem kurzen Infobrief zu informieren. ☐

Erarbeiten Sie mit den Kindern die wichtigsten **Regeln zur Nutzung** der digitalen Pinnwand. ☐

Tipp: Sie können die erstellten Regeln auf einem Plakat im Klassenzimmer festhalten und zusätzlich als Post auf der Pinnwand.

Führen Sie die Lernenden bei der erstmaligen Nutzung in die Benutzeroberfläche von Padlet ein und geben Sie ihnen die Möglichkeit, Fragen zur Nutzung zu stellen. ☐

Tipp: Jedes Smartphone kann mit einem passenden Adapter an einen Beamer angeschlossen werden, sodass Sie den Bildschirminhalt live spiegeln können. Sie können so nachvollziehbar zeigen, wie Padlet funktioniert.

Ermöglichen Sie nur den Lernenden **Zugang zur Pinnwand**, indem sie ein **Passwort** setzen: *Teilen → Datenschutz → Change privacy (Ändern der Privatsphäre) → Passwort.* ☐

Padlet, eduPad und Co. – Kollaborative Webtools

eduPad

Mit dem Online-Textverarbeitungsprogramm eduPad können Texte in Echtzeit gemeinsam von bis zu 15 Lernenden erstellt oder bearbeitet werden. Jede Änderung ist sofort für alle Beteiligten sichtbar. Für die Nutzung wird ein Internetzugang und der Link zum Text (Pad) benötigt.

Der Start mit eduPad

Zu Beginn der gemeinsamen Arbeit mit eduPad rufen Sie die Website von eduPad (https://edupad.ch/#about) auf und starten eine neue Sitzung durch Erstellen eines neuen Pads. Der für dieses Pad generierte Link ermöglicht es, weitere Teilnehmer zur Mitarbeit einzuladen. EduPad bietet zusätzlich die Möglichkeit, den Link auf einer Homepage einzubinden. Den Zugangslink kann man den Lernenden auch in Form eines QR-Codes® geben.

👍 *Tipp: Lassen Sie den QR-Code® in das Heft oder den Hefter einkleben, um das Verlustrisiko zu minimieren.*

Nachdem das neue Pad angelegt wurde, kann die Arbeit direkt beginnen. Es erscheint die Benutzeroberfläche des Texteditors (s. Abb. auf der nächsten Seite). Lernende können gleichzeitig Texte verfassen, sich dabei gegenseitig kontrollieren, Feedback (mittels Chatfunktion) und Hilfestellungen geben. Die von den Lernenden erstellten Texte werden in unterschiedlichen Hintergrundfarben dargestellt, sodass eine Zuordnung des Autors bzw. der Autorin möglich ist.

Kollaborative Unterrichtsszenarien mit eduPad

Im Allgemeinen können mit eduPad alle Methoden digital umgesetzt werden, in denen eine Zusammenarbeit von mindestens zwei Personen und mehr erfolgt, um ein gemeinsames Lernprodukt bzw. Ergebnis zu erhalten. Dies gilt sowohl für den Präsenzunterricht als auch insbesondere für den Distanzunterricht. Vorschläge:

A) Ergebnisse aus Gruppenarbeiten innerhalb einer Gruppe aufschreiben und besprechen. <u>Beispiel:</u> Sachunterricht – gemeinsames Protokollieren eines Schülerversuchs; Mathematik – Kettenrechnen: Ein Autor beginnt, indem er eine Aufgabe stellt. Die anderen müssen sie lösen. Das Ergebnis muss in der neuen Rechnung eingebaut werden; Deutsch – gemeinsame Textproduktion (z. B. Geschichten, Gedichte)

B) Vorwissen digital sammeln, z. B. Placemat-Methode via eduPad: Die Lernenden schreiben ortsunabhängig ihre Gedanken auf. Sind alle fertig, kann via Chat besprochen werden, auf welche Kerngedanken sich die Gruppe einigt.

eduPad sichern

EduPad speichert jede neue Version den Pads automatisch. Dennoch empfiehlt es sich, in regelmäßigen Abständen die Inhalte zu exportieren (als Word- oder PDF-Dokument).

Tipps zur Arbeit mit eduPad

👍 Tipp 1   Erarbeiten Sie Regeln zur Arbeit mit eduPad.

👍 Tipp 2   Legen Sie für arbeitsteilige Gruppenarbeiten für jede Gruppe eine eigenes Pad an. Speichern Sie sich den Link, dann können Sie die Arbeit am Lernprodukt mitverfolgen.

Erste Schritte mit eduPad – Die Benutzeroberfläche

👍 **Tipp 3** Keine persönlichen Daten eingeben, da alle Pads auf Servern gespeichert werden, nicht gelöscht werden können und jeder Zugang zum Pad hat, der den Link kennt.

👍 **Tipp 4** Keine Links einfügen, Anbieter der Drittwebsite können über den Hyperlink den Link zum eduPad zurückverfolgen und dann entsprechend einsehen.

Aufbau der Benutzeroberfläche – Überblick

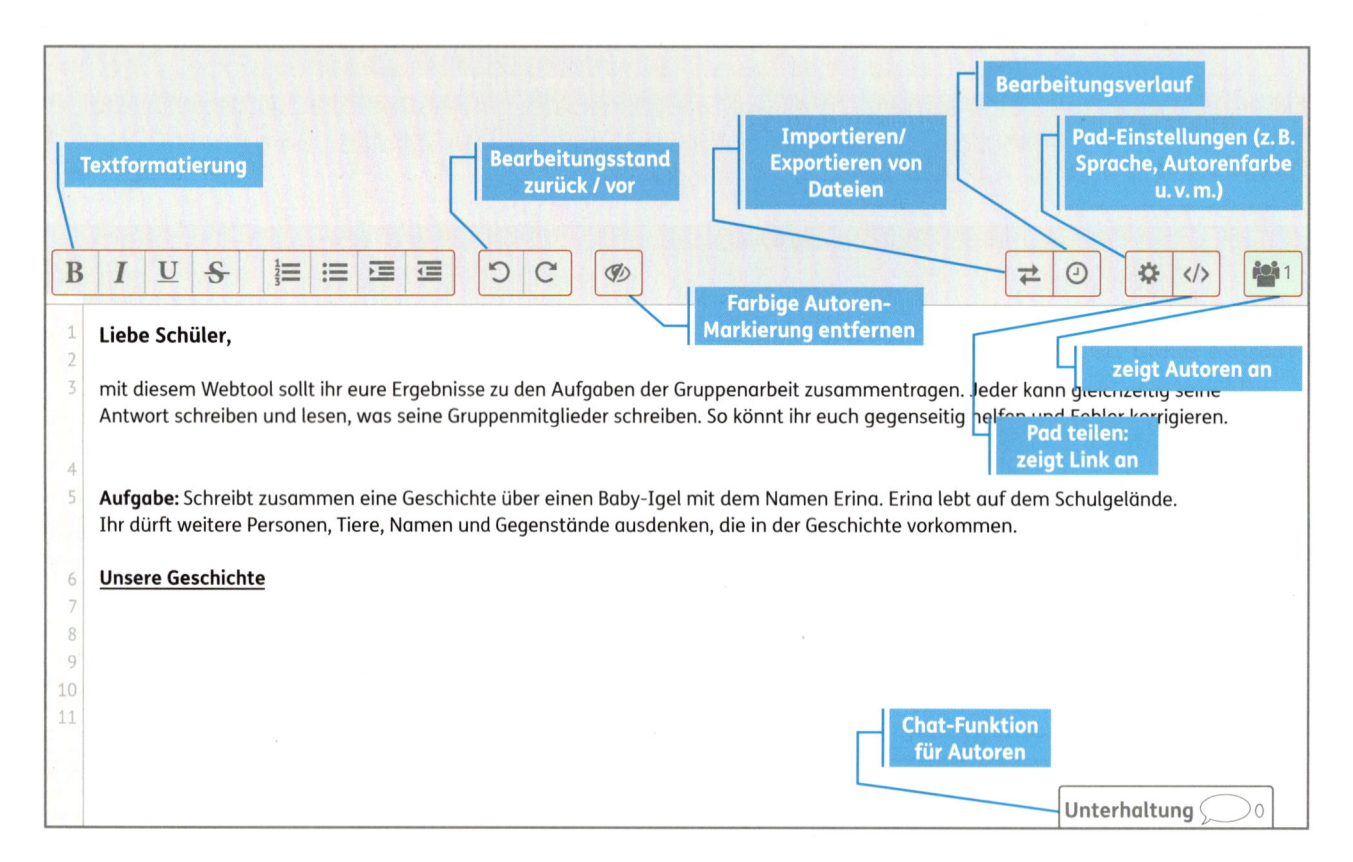

Beschriftungen der Benutzeroberfläche:
- Textformatierung
- Bearbeitungsstand zurück / vor
- Farbige Autoren-Markierung entfernen
- Importieren/Exportieren von Dateien
- Bearbeitungsverlauf
- Pad-Einstellungen (z. B. Sprache, Autorenfarbe u. v. m.)
- zeigt Autoren an
- Pad teilen: zeigt Link an
- Chat-Funktion für Autoren

Pad-Inhalt:

1 **Liebe Schüler,**
2
3 mit diesem Webtool sollt ihr eure Ergebnisse zu den Aufgaben der Gruppenarbeit zusammentragen. Jeder kann gleichzeitig seine Antwort schreiben und lesen, was seine Gruppenmitglieder schreiben. So könnt ihr euch gegenseitig helfen und Fehler korrigieren.
4
5 **Aufgabe:** Schreibt zusammen eine Geschichte über einen Baby-Igel mit dem Namen Erina. Erina lebt auf dem Schulgelände. Ihr dürft weitere Personen, Tiere, Namen und Gegenstände ausdenken, die in der Geschichte vorkommen.

6 **Unsere Geschichte**
7
8
9
10
11

Unterhaltung 💬 0

Ansicht des Bearbeitungsverlaufs

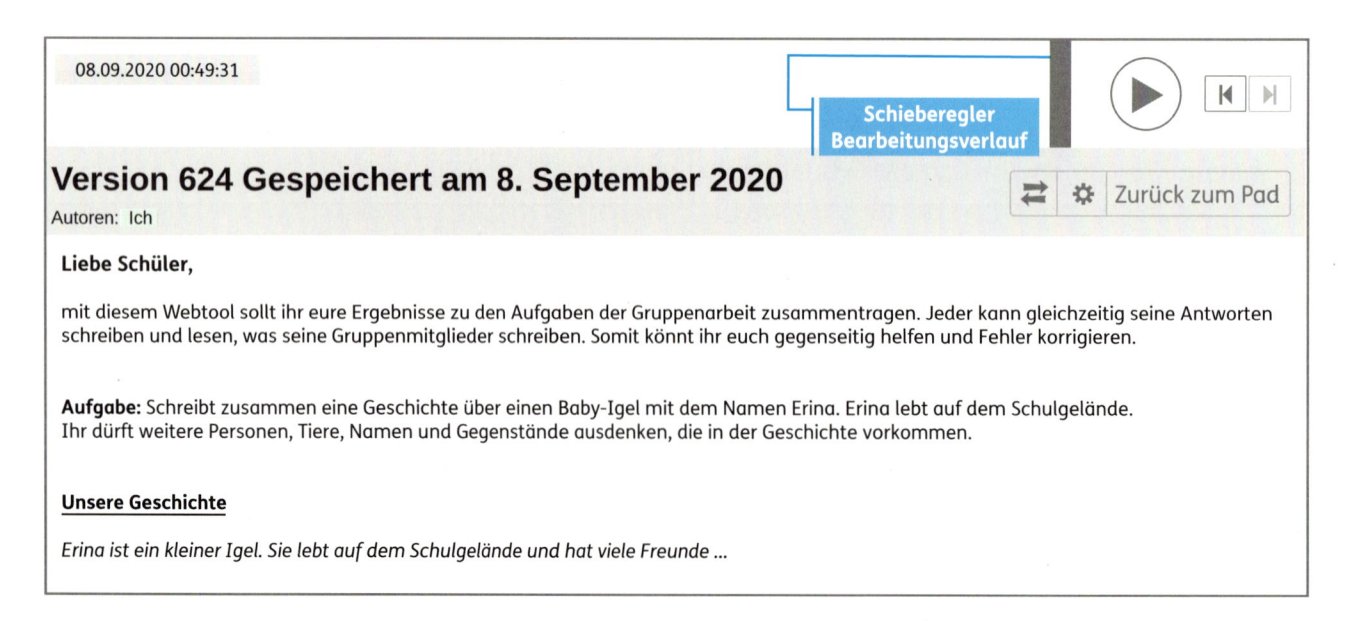

08.09.2020 00:49:31

- Schieberegler Bearbeitungsverlauf

Version 624 Gespeichert am 8. September 2020
Autoren: Ich

Zurück zum Pad

Liebe Schüler,

mit diesem Webtool sollt ihr eure Ergebnisse zu den Aufgaben der Gruppenarbeit zusammentragen. Jeder kann gleichzeitig seine Antworten schreiben und lesen, was seine Gruppenmitglieder schreiben. Somit könnt ihr euch gegenseitig helfen und Fehler korrigieren.

Aufgabe: Schreibt zusammen eine Geschichte über einen Baby-Igel mit dem Namen Erina. Erina lebt auf dem Schulgelände. Ihr dürft weitere Personen, Tiere, Namen und Gegenstände ausdenken, die in der Geschichte vorkommen.

Unsere Geschichte

Erina ist ein kleiner Igel. Sie lebt auf dem Schulgelände und hat viele Freunde ...

Erste Schritte mit eduPad – Die Benutzeroberfläche

Import-/Export-Möglichkeiten

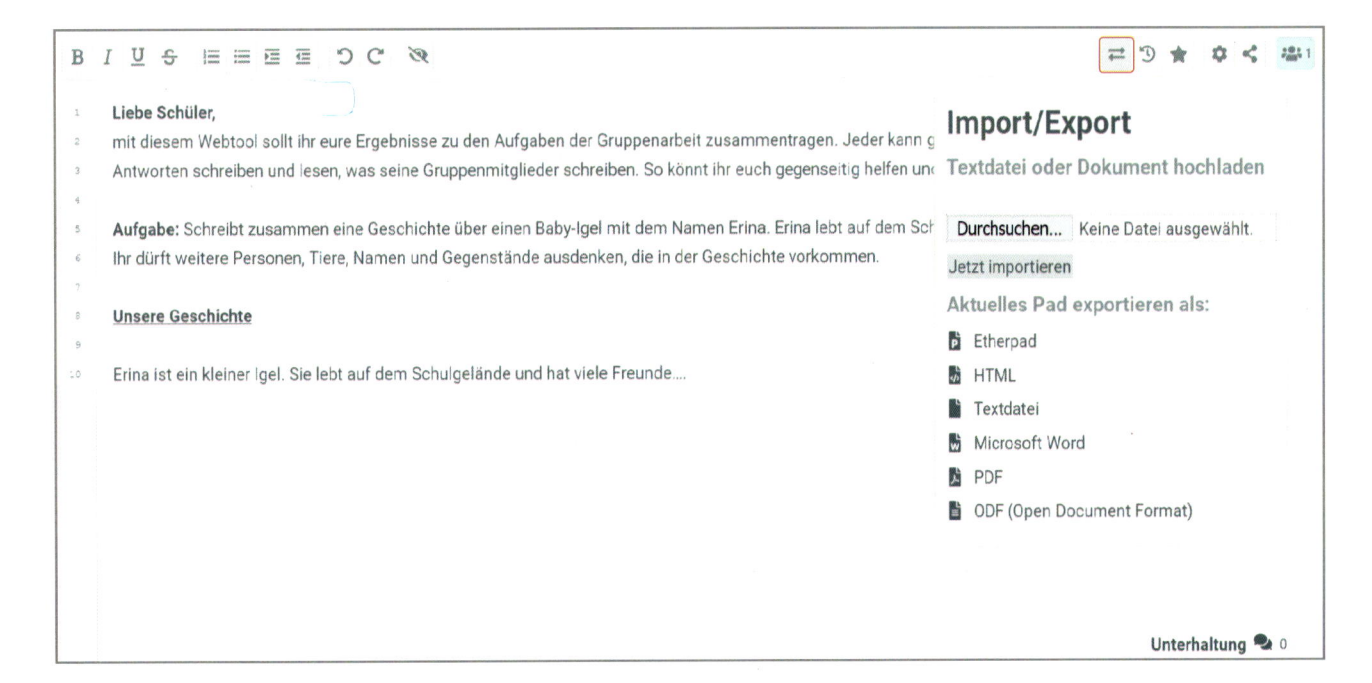

Videokonferenzen

Hardy Seifert

Die wichtigsten Fakten zur Videokonferenz

Ausgangslage und Grundlagen

Während der Schulschließungen haben viele Kolleginnen und Kollegen nach Wegen gesucht, um mit den Lernenden in einen direkten Austausch über die Lerninhalte zu kommen. Videokonferenzen bieten genau diese Möglichkeit.[1]

In einer Videokonferenz können Bild- und Toninformationen zwischen den unterschiedlichsten Geräten (Desktop-PC, Notebook, Tablet, Handy) ausgetauscht werden. Da man i.d.R. eine Kamera, ein Mikrofon und einen Lautsprecher für die Videokonferenz benötigt, bieten sich Handy und Tablet an, weil diese bereits mit allem Notwendigen ausgestattet sind. Dies gilt ebenfalls für die meisten Notebooks, lediglich bei Desktop-PCs muss man u.U. nachrüsten. Auch wenn im Moment Geräte von bekannten Marken schwer zu bekommen sind, sollte es kein größeres Problem sein, die fehlenden drei Komponenten als USB-Geräte zu beschaffen und an den eigenen Computer anzuschließen.

Es kann übrigens auch Sinn machen, zu einer Videokonferenz einzuladen oder an einer Videokonferenz teilzunehmen, wenn der Computer nicht perfekt ausgestattet ist. Selbst ohne Kameras kann eine „Videokonferenz" funktionieren, wenn man sich nur auf die Sprache und einen gemeinsamen Bildschirm konzentriert. Teilnehmer/innen, die einer Videokonferenz nur folgen wollen, brauchen weder Kamera noch Mikrofon.

Welche Anbieter gibt es?

Alle großen Software-Firmen bieten Videokonferenzlösungen an, z.B. Adobe Connect, Apple FaceTime, Cisco Webex, Google Hangouts, Microsoft Teams oder Skype. Darüber hinaus gibt es noch eine breite Palette von Anbietern, von denen hier nur GoToMeeting und ZOOM erwähnt werden sollen. Da es sich um kommerzielle Anbieter aus den USA handelt, muss man sich vor der Nutzung dieser Angebote über den Datenschutz und über die Finanzierung Gedanken machen. Die meisten dieser Anbieter haben in der Vergangenheit versucht, europäische Standards immer besser einzuhalten und haben zudem kostenfreie Angebote, die i.d.R. für den Zeitrahmen einer Unterrichtsstunde völlig ausreichen würden. Nichtkommerzielle Anbieter sind z.B. BigBlueButton (BBB) und Jitsi bzw. Jitsi Meet.

Jitsi ist ein quelloffenes Videokonferenzsystem, welches von der KMK dafür gelobt wird, dass keine Nutzerdaten verarbeitet bzw. gespeichert werden[2]. **Jitsi** kann direkt im Browser (Google Chrome wird empfohlen) oder mit einer App (Android, iOS) genutzt werden. Zudem hat es noch den Vorteil, dass es viele sogenannte Instanzen (Jitsi Meet Server) in Deutschland gibt, sodass man datenschutzrechtlich auf der sicheren Seite ist. Neben der offiziellen Instanz (https://meet.jit.si) gibt es u.a. folgende deutsche Instanzen[3]:

Universität Duisburg-Essen	jitsi.uni-due.de
FeM E.V. – Technische Universität Ilmenau	jitsi.fem.tu-ilmenau.de
Universität Freiburg	meeting.vm.uni-freiburg.de
Hochschule Anhalt	jitsi.hs-anhalt.de
Universität Siegen	meet.armstrong.zimt.uni-siegen.de

---

[1] vgl. https://www.sueddeutsche.de/bildung/schule-corona-digitalisierung-1.4886193
[2] vgl. https://www.kmk.org/themen/bildung-in-der-digitalen-welt/lernen-von-zu-hause-digitale-lernangebote.html
[3] https://scheible.it/liste-mit-oeffentlichen-jitsi-meet-instanzen/

Die wichtigsten Fakten zur Videokonferenz

Technische Universität Kaiserslautern	jitsi.uni-kl.de
Universität Regensburg	meet.ur.de
Universität Paderborn	meet.cs.upb.de
Universität Frankfurt	meet.studiumdigitale.uni-frankfurt.de
Digital gestütztes Lehren und Lernen in Hessen	meet.digll-hessen.de

Wenn man eine Videokonferenz starten will, kann man einen dieser Links nutzen. Zuvor sollten aber noch ein paar Anmerkungen zu den rechtlichen Fragen berücksichtigt werden.

Was sind die rechtlichen Voraussetzungen?

Wie vorher schon erklärt, sollte der Datenschutz vonseiten **Jitsi Meet** erfüllt sein. Vor allem mit Grundschulkindern sollte man innerhalb der Schule vereinbaren, dass die drei folgenden Dokumente vor der ersten Videokonferenz besprochen und ausgefüllt werden:

1. Information und Einwilligungserklärung der Eltern
2. Information und Einwilligungserklärung der Kinder[4]
3. Eltern können gemeinsam mit ihrem Kind die bevorstehende Videokonferenz planen und besprechen:
4. Regeln und Tipps bei der Durchführung der Videokonferenz[5]:

Vorbereitung	Installieren Sie die notwendigen Apps auf dem Handy, dem Computer oder dem Tablet. Testen Sie den Link für die Videokonferenz im Browser.
Standort	Suchen Sie einen möglichst ruhigen Platz, damit Ihr Kind möglichst ungestört an der Videokonferenz teilnehmen kann.
Hintergrund	Ihr Kind sollte vor einem neutralen Hintergrund sitzen.
Pünktlichkeit	Sorgen Sie dafür, dass Ihr Kind etwa 10 Minuten vor dem Beginn der Videokonferenz an seinem Platz ist und frühzeitig die Konferenz in der App oder dem Browser beginnen kann.
Mikrofon	Ihr Kind sollte das Mikrofon und die Kamera ausgeschaltet lassen, wenn die Lehrkraft dies beim Start der Konferenz so eingerichtet hat.
Melden	Zeigen Sie Ihrem Kind das Hand-Symbol, das es nutzen sollte, wenn es sich melden will.
Fragen	Auch bei Fragen kann Ihr Kind das Hand-Symbol nutzen, oder aber die Frage in das Chat-Fenster schreiben.
Teilen	Der Bildschirm sollte von Ihrem Kind nur geteilt werden, wenn die Lehrkraft dazu auffordert.
DATENSCHUTZ	WICHTIG: Während der Konferenz dürfen keine Bild-, Video- oder Tonaufnahmen gemacht werden. Das könnte rechtliche Probleme nach sich ziehen.

---

[4] Vorlagen hierfür findet man z.B. in NRW unter https://datenschutz-schule.info/service-downloads/einwilligungen-schule-nrw/download-weitere-einwilligungen-nrw/
[5] vgl. https://bobblume.de/2020/04/18/unterricht-regeln-fuer-videokonferenzen/

Einsatz und Durchführung von Videokonferenzen in der Schule

In der aktuellen Situation bieten Videokonferenzen Lehrer/-innen die Möglichkeit, mit den Kindern in Kontakt zu bleiben, sich auszutauschen und das soziale Lernen zu fördern. Lehrkräfte haben die Chance, in kurzen Vorträgen neuen Stoff zu vermitteln und anschließend Fragen aus der Klasse online zu beantworten, bevor die Klasse sich „offline" mit den Übungsaufgaben beschäftigt. Nach einer Übungssequenz kann die Lehrkraft Musterlösungen im Rahmen einer Videokonferenz vorstellen und noch offene Fragen beantworten. In beiden beschriebenen Settings ist es übrigens nicht notwendig, dass die Kinder ihre Kameras eingeschaltet haben, und auch das Mikrofon muss von einzelnen Lernenden nur aktiviert werden, wenn sie Fragen stellen oder beantworten. Eine solche Online-Konferenz kann man bei sehr guter technischer Ausstattung aller Beteiligten mit einer kompletten Klasse durchführen. Es ist aber auch denkbar und sinnvoll, solche Formate als Differenzierungsmaßnahme kleineren Gruppen oder sogar einzelnen Kindern anzubieten.

Videokonferenzen bieten sich in der Schule zudem aber auch außerhalb des virtuellen Klassenzimmers an. Schulleitung oder Arbeitsgruppen können sie dazu einsetzen, organisatorische Fragen zu klären oder die Schulentwicklung voranzutreiben.

Einsatz und Durchführung von Videokonferenzen in der Schule

Meine Checkliste zur Vorbereitung der Videokonferenz

Liebe Lerngruppe,

damit wir unsere geplante Videokonferenz pünktlich anfangen und ohne Probleme durchführen können, solltet ihr euch mit der folgenden Checkliste auf die Videokonferenz vorbereiten:

Beginne 10 Minuten bevor die Videokonferenz anfängt mit deinen Vorbereitungen.	☐
Sag deinen Eltern und Geschwistern Bescheid, damit niemand durchs Bild läuft oder stört.	☐
Suche dir einen ruhigen Ort.	☐
Setze dich so, dass du ein Fenster oder eine Lampe vor dir hast.	☐
Lege die notwendigen Bücher oder Arbeitsblätter bereit.	☐
Lege einen Block oder dein Heft und natürlich auch einen Stift bereit.	☐
Überlege, ob du noch weitere Materialien, wie zum Beispiel Lineal, Bleistift oder Buntstifte, benötigst.	☐
Überlege, ob du Fragen an deine Lehrerin oder deinen Lehrer hast.	☐

Einsatz und Durchführung von Videokonferenzen in der Schule

Meine Checkliste für die Videokonferenz

Liebe Lerngruppe,

in der folgenden Checkliste sind die wichtigsten Regeln aufgeführt, die wir beachten sollten, damit möglichst alle in der Videokonferenz etwas lernen können, aber auch, damit wir nicht gegen Gesetze verstoßen.

Klicke pünktliche auf den Link für die Videokonferenz.	☐
Schalte das Mikrofon nicht ein.	☐
Schalte die Kamera nicht ein.	☐
Schalte den Ton nur ein, wenn deine Lehrerin oder dein Lehrer darum bittet.	☐
Schalte die Kamera nur ein, wenn deine Lehrerin oder dein Lehrer darum bittet.	☐
Schreibe Fragen ins Chat-Fenster.	☐
Melde dich mit dem Hand-Symbol.	☐
Mache **keine** Bild-, Ton- oder Videoaufnahmen während der Videokonferenz.	☐

© PERSEN Verlag

119

Einsatz und Durchführung von Videokonferenzen in der Schule

Einverständniserklärung der Eltern

Sehr geehrte Eltern,

als Ergänzung zu den vorhandenen Angeboten unserer Schule möchten wir unseren Lehrkräften die Möglichkeit eröffnen, Videokonferenzen mit ihren Schülern/-innen durchzuführen. Zu diesem Zweck wollen wir die Videokonferenz-Plattform _____ nutzen. Diese Plattform wird es den Fachkollegen/-innen ermöglichen, mit einer Gruppe von Schülern/-innen oder auch mit einzelnen Kindern Online-Unterricht abzuhalten.

Für die Teilnahme an einer solchen Videokonferenz ist es weder notwendig, ein Nutzerkonto anzulegen, noch müssen Apps heruntergeladen oder Software installiert werden. Der Einsatz der Videoplattform an unserer Schule genügt den Anforderungen der Datenschutz-Grundverordnung (DSGVO), d. h., es werden keine personenbezogenen Daten verarbeitet. Die Privatsphäre der Lehrkräfte und der Kinder wird auch dadurch geschützt, dass keine Aufnahmen der Videokonferenzen erlaubt sind und die Chats nicht gespeichert werden. Sollten einzelne Kinder gegen diese Regeln verstoßen, behalten wir uns vor, diese Betroffenen von weiteren Videokonferenzen auszuschließen.

Bitte unterzeichnen Sie die folgende Einverständniserklärung und schicken Sie die unterschriebene Erklärung, gerne auch in digitaler Form, an die Klassenführung Ihres Kindes. Natürlich können Sie diese Einwilligung jederzeit widerrufen.

Name des Kindes: _____ Klasse: _____

Hiermit stimme ich der Nutzung der Videoplattform _____ für unterrichtliche Zwecke zu.

Bitte ankreuzen!

☐ Ja

☐ Nein

Mein Sohn/meine Tochter verpflichtet sich, keine audiovisuellen Mitschnitte der Videokonferenz anzufertigen.

_____ _____
Datum   Unterschrift der Erziehungsberechtigten

Interaktive Lernplattformen am Beispiel von Teams

Hardy Seifert

Vorwort

Schon viele Jahre haben sich Schulen mit neuen Arten der Kommunikation und der Einbindung von digitalen Lernformen in den Unterrichtsalltag auseinandergesetzt. Durch die Corona-Krise hat sich dieser Prozess beschleunigt. V. a. der Einsatz von Videokonferenzen im Lernprozess (zwischen Lernenden und Lehrkräften), aber auch in der Schulorganisation (z. B. bei Lehrerkonferenzen oder Elterngesprächen) hat ganz neue Möglichkeiten eröffnet. Schulen, die sog. Lernplattformen oder **L**ern**m**anagement**s**ysteme (**LMS**) bereits vor der Corona-Krise implementiert und genutzt hatten, fiel es deutlich leichter, sich auf die neue Situation einzustellen. Die wichtigsten Funktionen, um Kindern das Lernen zu Hause (das sog. Homeschooling bzw. Distanzlernen) zu ermöglichen, waren bei den meisten LMS im Prinzip vorhanden:

- Lehrkräfte konnten Lernenden Dateien (z. B. Arbeitsblätter) zur Verfügung stellen.
- Lernenden konnten Dateien (z. B. ausgefüllte Arbeitsblätter) einreichen.
- Lehrkräfte konnten Lernenden möglichst effizient eine Rückmeldung geben.
- Lernenden konnten untereinander oder mit den Lehrkräften über eine Chat-Funktion schnell und problemlos kommunizieren.

In den ersten Wochen nach dem Lockdown mussten Schulen schnell reagieren. Diejenigen, die nicht gleich ein geeignetes LMS zur Verfügung hatten, waren darauf angewiesen, mit den Kindern und Eltern über Post oder E-Mail zu kommunizieren. Diese Schulen mussten erfahren, dass ein solches Vorgehen mühsam und insbesondere im Hinblick auf das Einsammeln von Schülerarbeiten nicht effektiv war. Andere Schulen konnten auf (bestehende) Angebote vom Schulträger zurückgreifen oder die Schulen haben sich selbstständig um die Beschaffung einer Lernplattform bemüht.

Nach einem allgemeinen Überblick über verschiedene Fakten und Aspekte rund um Lernplattformen wird in diesem Artikel am Beispiel von **Microsoft Teams** gezeigt, was die wichtigsten Funktionen einer Lernplattform sind und wie man diese im Schulalltag einsetzen kann.

Die wichtigsten Fakten zu Lernplattformen

Angebote in den Bundesländern

Schulen haben in den einzelnen Bundesländern unterschiedliche Möglichkeiten, mit den Herausforderungen der Digitalisierung umzugehen. In Hessen z. B. nutzen Schulen neben dem offiziellen Angebot des Landes (Schulportal Hessen) auch Angebote der verschiedenen Kreise (z. B. WTKEDU, schul.cloud) oder aber nahmen die zeitweise kostenlosen Alternativen wie etwa von IServ und Microsoft Teams an, um der Schulgemeinde eine Lernplattform zur Verfügung zu stellen. Das bayerische Kultusministerium bietet seinen Schulen mit Mebis ein Internetportal an, dessen Lernplattform auf Moodle basiert. Bremen hingegen hat sich dazu entschlossen, für alle Schulen die kommerzielle Software „itslearning" zu erwerben. Darüber hinaus wird Bremen allen Lernenden sowie Lehrkräften iPads zur Verfügung stellen.[1]

Funktionen eines Lernmanagementsystems (LMS)

Die kommerziellen LMS und die auf Moodle basierenden der Länder wie Bayern und Hessen unterscheiden sich in vielen Details. Der Funktionsumfang, die Benutzerfreundlichkeit, der Verwaltungsaufwand und die Kosten können sehr verschieden sein. Für die Benutzer und Benutzerinnen mit am wichtigsten ist die Zuverlässigkeit der Systeme, wenn die Zugriffszahlen in Zeiten von Schulschließungen in die Höhe schnellen. Ein LMS bzw. eine Lernplattform ist sozusagen eine „digitale Schule" und muss somit der Schulgemeinde eine verlässliche digitale Umgebung bieten, in der Lernprozesse initiiert, durchgeführt und reflektiert werden können. Hierzu muss eine Lernplattform die folgenden Mindestanforderungen erfüllen:

- Einhaltung der Vorgaben der Datenschutzgrundverordnung (DSGVO)
- Einfache Benutzerverwaltung
- Dateiablage für Lehrende und Lernende
- Durchführung von Videokonferenzen
- Chat-Funktion
- Einfache Möglichkeit für Lehrende, Aufgaben zu erstellen und Rückmeldungen zu Arbeitsaufträgen an die Lernenden zu geben
- Nutzung der Software im Browser und mit einer App

Microsoft Teams

Microsoft Teams (auch MS Teams oder nur Teams) wurde 2016 von Microsoft zunächst für Unternehmen entwickelt. Neben der benutzerfreundlichen Verbindung von Chat, Besprechungen, Notizen und Anhängen gesammelt auf einer Plattform, war ein weiterer Vorteil die Integration von Microsoft Office und Skype. Für Schulen wurde MS Teams ab 2017 interessant, als Microsoft bekannt gab, dass MS Teams das Angebot Microsoft Classroom ersetzen wird. Das Wachstum von MS Teams wurde durch die Corona-Krise noch einmal beschleunigt und so konnte die Plattform im März 2020 mehr als 44 Millionen Nutzer und Nutzerinnen täglich verbuchen.

---

[1] Einen Überblick über die verschiedenen Angebote der Bundesländer findet man unter: https://www.bitkom.org/Themen/Digitale-Unterstuetzung-in-Zeiten-von-Corona/Digitale-Lernangebote-der-Bundeslaender?location=de-nw

Die wichtigsten Fakten zu Lernplattformen

MS Teams kann auch nach vier Jahren seinen Ursprung als Software für amerikanische Unternehmen nicht verleugnen. Dies zeigt sich in den für Kinder teilweise befremdlichen Begriffen wie „Teams" und „Kanäle", aber auch in den nicht immer konsistenten deutschen Übersetzungen von einzelnen Bezeichnungen. Die Tatsache, dass es sich bei Microsoft um ein amerikanisches Unternehmen handelt und dass der Datenschutz in Amerika einen anderen Stellwert hat als in Europa, führte in der Vergangenheit zudem zu wiederholter Kritik, u. a. vonseiten der Berliner Beauftragten für Datenschutz und Informationssicherheit. Microsoft versichert aber in einer ausführlichen Stellungnahme, dass Teams datenschutzkonform ist.[2]

---

[2] vgl. https://news.microsoft.com/de-de/stellungnahme-zum-vermerk-berliner-datenschutzbeauftragte-zur-durchfuehrung-von-videokonferenzen-waehrend-der-kontaktbeschraenkungen/

Beispiel: Microsoft Teams

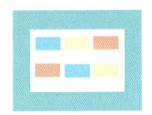

MS Teams – Grundlagen

Da MS Teams ursprünglich nicht für den Einsatz in Schulen konzipiert worden war, müssen sich die Lehrenden und Lernenden zunächst an die Struktur und die Begriffe gewöhnen. Das wichtigste Strukturelement innerhalb von MS Teams ist das „Team". Ein Team hat einen „Besitzer", was i.d.R. eine Lehrkraft ist, und „Mitglieder", die generell die Lernenden sind. Besitzer und Mitglieder haben innerhalb eines Teams verschiedene Rechte. Im schulischen Kontext kann ein Team ein Fach, ein Kurs oder eine Klasse sein. Weitere denkbare Teams können von Fachbereichen, der Schulleitung, der Eltern- oder Schülervertretung sowie dem Personalrat erstellt werden. Innerhalb eines Teams gibt es noch die Möglichkeit, mit sog. „Kanälen" Unterstrukturen anzulegen. Für alle Teams wird vom System standardmäßig der Kanal „Allgemein" angelegt. Das Anlegen von weiteren Kanälen ist aber am Anfang nicht notwendig und auch nicht empfehlenswert. Die Kommunikation in MS Teams findet v.a. in privaten Chats oder dem Gruppenchat statt. Der Gruppenchat wird innerhalb eines Teams „Beiträge" genannt und ist einer von vielen möglichen „Tabs" (s. Abb.), die den Mitgliedern zur Verfügung stehen:

Neben dem Tab *Beiträge* werden vom System die Tabs *Dateien, Kursnotizbuch, Aufgaben* und *Noten* angezeigt. Weitere Tabs können über das +-Zeichen hinzugefügt werden.

Die wichtigsten Begriffe von MS Teams und ihre Bedeutung für ein beispielhaftes Team, das für den Kurs *Roboter* erstellt wurde, folgt in der Übersicht:

- Team → Der Kurs *Roboter*
- Besitzer → Lehrkraft im Kurs *Roboter*
- Mitglied(er) → Lernende im Kurs *Roboter*
- Beiträge → Gruppenchat für alle Mitglieder im Kurs *Roboter*

Administration

Wie jedes LMS benötigt auch MS Teams einen Administrator bzw. eine Administratorin, der oder die in erster Linie für die Benutzerverwaltung und den Support zuständig ist. Die Benutzerverwaltung ist einfach, wenn die Schule eine eigene Internetadresse (z.B. www.meine-schule.de) mit dazugehörigen E-Mail-Adressen (z.B. lisa.mueller@meine-schule.de) besitzt. Im Tool zur Administration von MS Teams muss dann lediglich der Vorname, Nachname und Benutzername (lisa.mueller) eingegeben werden.

Da diese Eingabe per Excel-Datei erledigt werden kann, lässt sich auch eine größere Anzahl von Lernenden komfortabel in das System einpflegen. Im Gegensatz zu vielen anderen Lernplattformen werden die Klassen der Kinder nicht mit eingegeben, d.h. jede Lehrkraft stellt sich ihre Klasse oder ihren Kurs selbst zusammen. Dies ist kein großer Aufwand für die Lehrkräfte, stellt aber eine große Vereinfachung in der Administration dar.

Beispiel: Microsoft Teams

Die wichtigsten Funktionen von MS Teams

Die wichtigsten Funktionen und Elemente der Benutzeroberfläche von MS Teams sind im Folgenden im Detail anhand von Screenshots der Windows App illustriert.

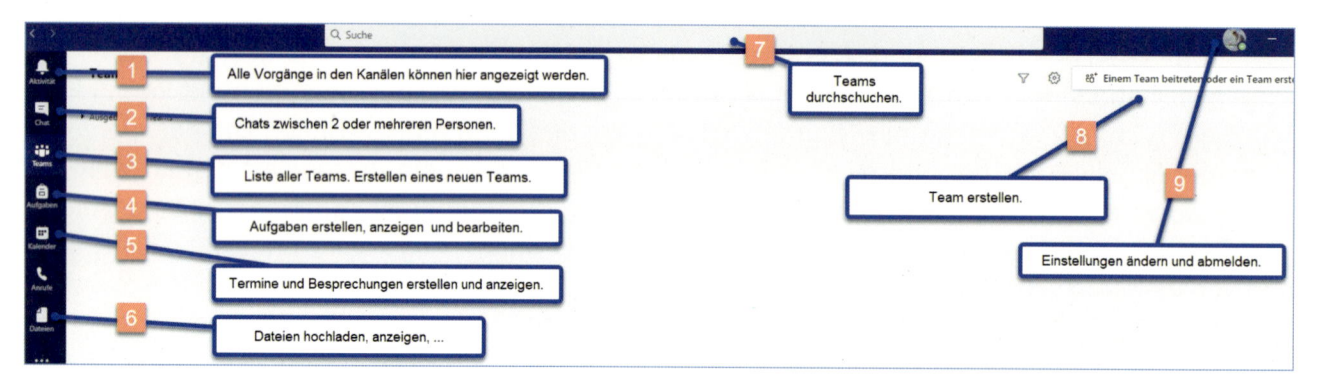

1. Aktivitäten: Der Aktivitätsfeed fasst alle Vorgänge in allen Teams an einer Stelle zusammen.

2. Chat: Nach dem Klick auf Chat hat man die Möglichkeit, mit Teammitgliedern zu chatten, wie man es in dieser oder ähnlicher Form von vielen beliebten Messengern kennt. Dazu gehören auch Funktionen wie:

- Dateien anhängen,
- Text formatieren und
- Smileys verschicken.

Die Chats und der Gruppenchat (Beiträge) in einem Team vereinfachen die Kommunikation so weit, dass E-Mails zwischen Teammitgliedern überflüssig werden können.

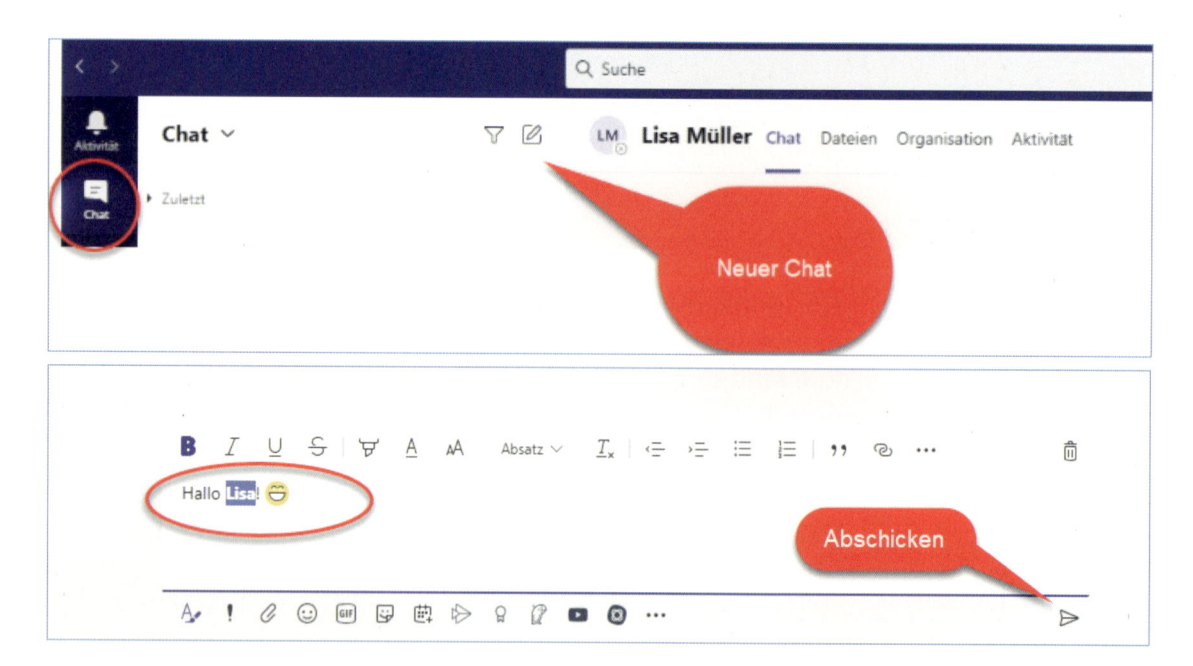

3. Teams: Nach dem Anklicken zeigt sich eine Übersicht über alle Teams, die man selbst erstellt hat oder in denen man Mitglied ist.

4. Aufgaben: Hier erhält man einen Überblick über alle Aufgaben.

126 © PERSEN Verlag

Beispiel: Microsoft Teams

5. **Kalender:** Der Klick öffnet einen Kalender (s. S. 130).

6. **Dateien:** Nach dem Anklicken zeigt sich eine Übersicht über alle Dateien des Teams.

7. **Teams durchsuchen:** Durchsuchen Sie Ihre Teams nach Namen und Begriffen.

8. **Team erstellen:** Wenn Sie in der Ansicht sind, die alle Ihre Teams anzeigt, haben Sie auch die Möglichkeit, neue Teams zu erstellen (s. unten).

9. **Einstellungen ändern und sich abmelden:** Hier können Sie persönliche Einstellungen vornehmen (z. B. ein Profilbild hochladen) oder sich aber auch von Teams abmelden.

Anmelden und ein Team erstellen

MS Teams kann über einen Link im Browser genutzt werden. Es hat aber Vorteile, sich die entsprechenden Apps für die eigene Hardware herunterzuladen, und zwar sowohl auf den Desktop-PC als auch auf das Tablet und das Handy. Die Zugangsdaten für die Anmeldung bestehen aus Benutzername (z. B. lisa.mueller@meine-schule.de) und Kennwort. Bei der ersten Anmeldung muss ein vom System vorgegebenes Kennwort u. U. geändert werden.

Die wichtigsten ersten Schritte, die eine Lehrkraft in MS Teams vollziehen sollte, werden nachfolgend am Beispiel eines Kurses zum Thema *Roboter*, für den sich zwei vier Kinder eingewählt haben, illustriert:

- Erstellung des Teams für den Kurs *Roboter*
- Erstellung eines Kursnotizbuches
- Planung einer Videokonferenz im Kalender sowie
- Erstellung einer Aufgabe.

Man beginnt mit den folgenden Schritten:

In der linken Schaltfläche Teams auswählen.

Dann rechts oben den Befehl Einem Team beitreten oder ein Team erstellen auswählen.

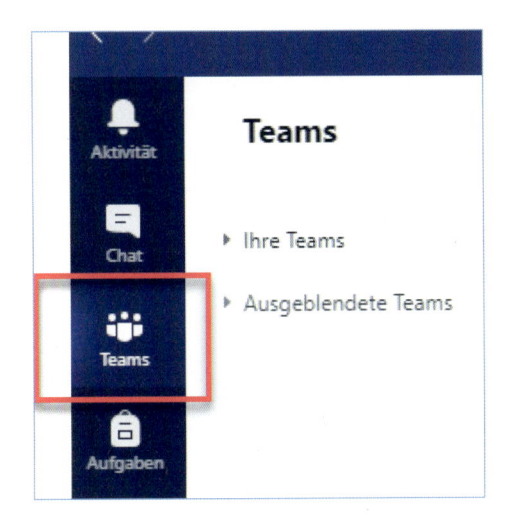

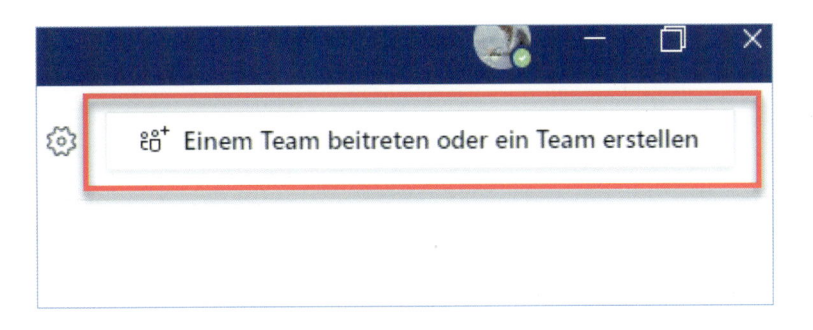

Beispiel: Microsoft Teams

Auf dem folgenden Bildschirm **Team erstellen** auswählen.

Als Teamtyp bietet sich der **Kurs** an.

In der nächsten Maske können ein **Name** und eine **Beschreibung** für den Kurs eingetippt werden.

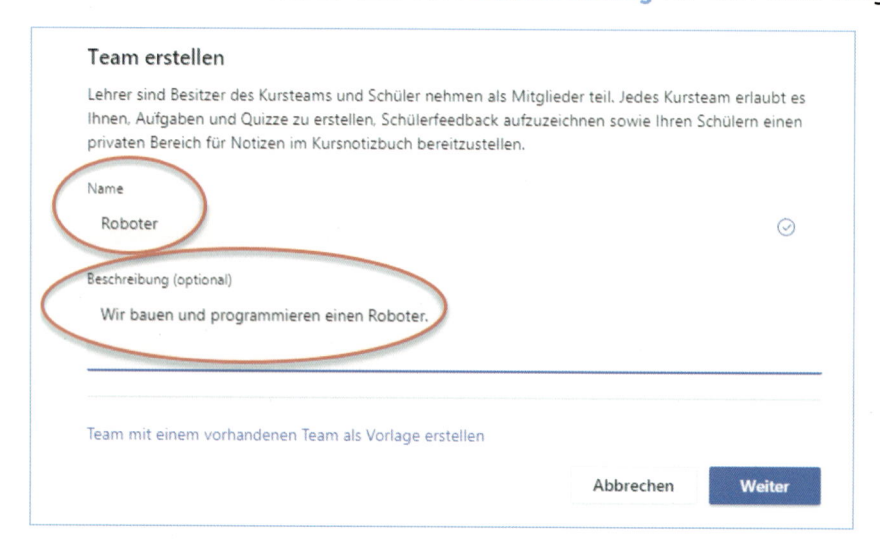

Beispiel: Microsoft Teams

Die Kinder werden in der folgenden Maske als Kursteilnehmer aufgenommen. MS Teams macht bereits beim Tippen der Namen Vorschläge, die man dann bequem auswählen kann. Nach der Eingabe des letzten Namens werden alle Kinder mit **Hinzufügen** im Team aufgenommen.

Die Erstellung des Kurses ist damit abgeschlossen. Der Kanal „Allgemein" wird von MS Teams automatisch angelegt.

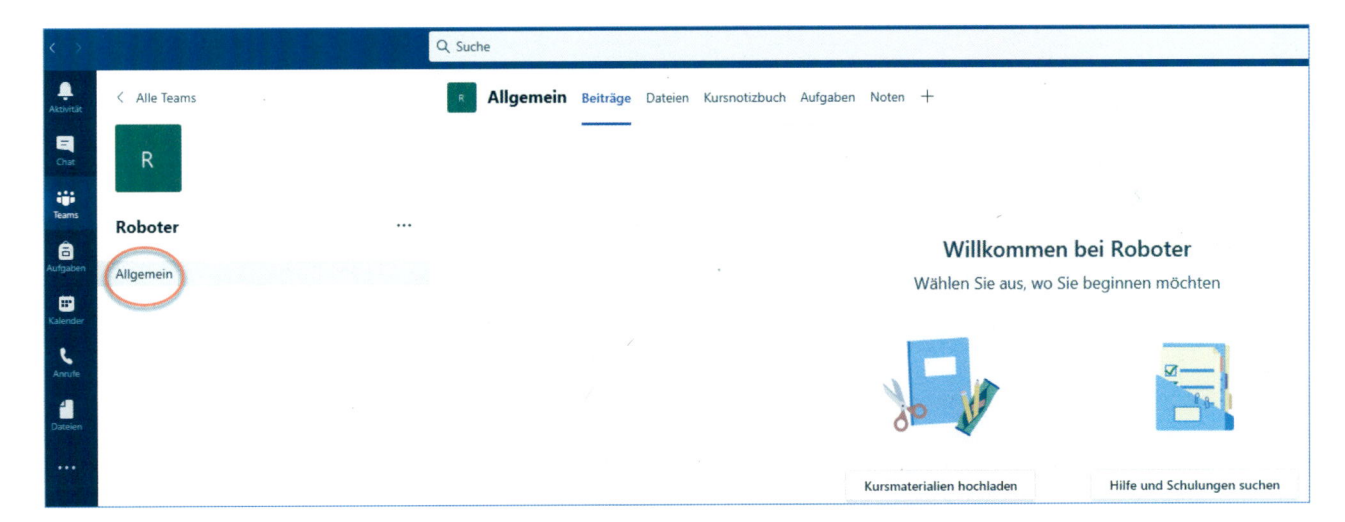

Beispiel: Microsoft Teams

Kursnotizbuch

Im Tab **Kursnotizbuch** kann man mit wenigen Klicks ein OneNote-Kursnotizbuch anlegen. Darin erhalten alle Lernenden und die Lehrkraft ihren eigenen Bereich, den die anderen Mitglieder nicht einsehen können. Zudem gibt es den Abschnitt **Collaboration Space**, der von allen gesehen und bearbeitet werden kann.

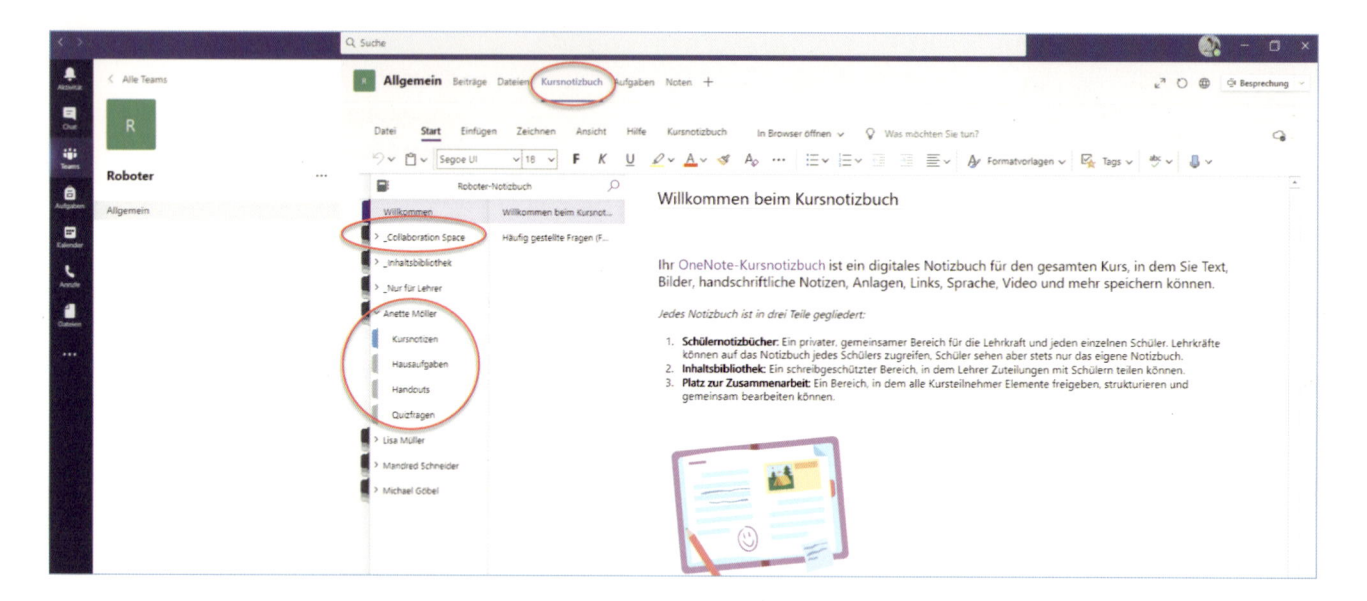

Kalender und Videokonferenz

Um die Kalenderfunktionen nutzen zu können, müssen Sie die linke Schaltfläche **Kalender** und dann rechts oben den Befehl **Neue Besprechung** auswählen.

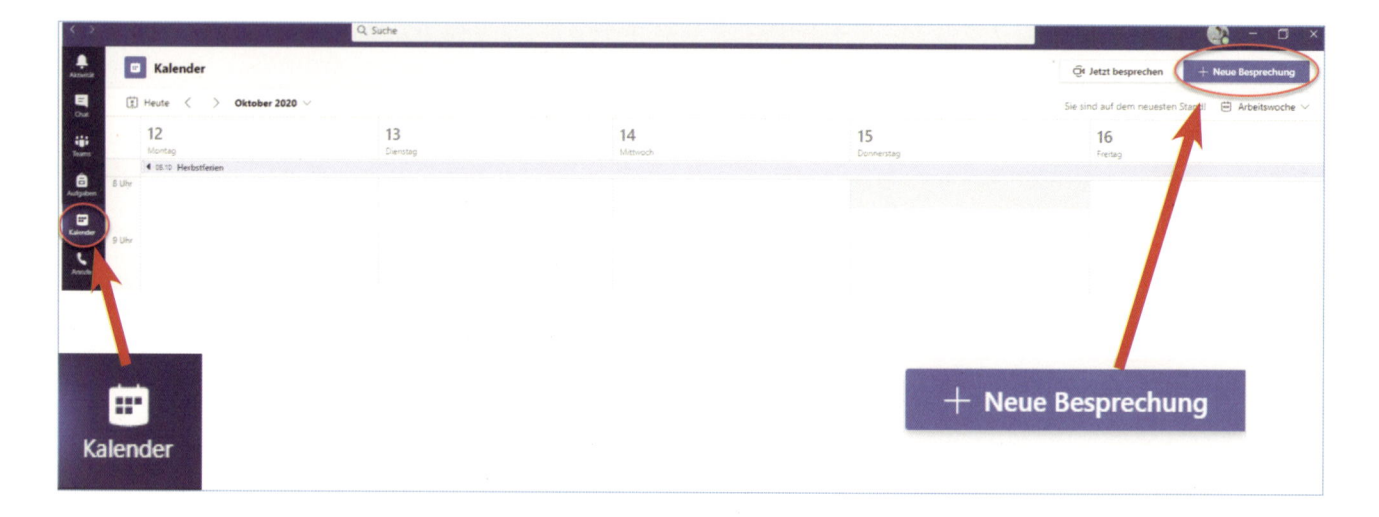

Beispiel: Microsoft Teams

In der Maske für eine Besprechung kann man eine Bezeichnung für den Termin, ein Datum sowie eine Uhrzeit festlegen. Durch die Auswahl des Kanals *Roboter – Allgemein* werden alle Kursmitglieder zur Besprechung eingeladen.

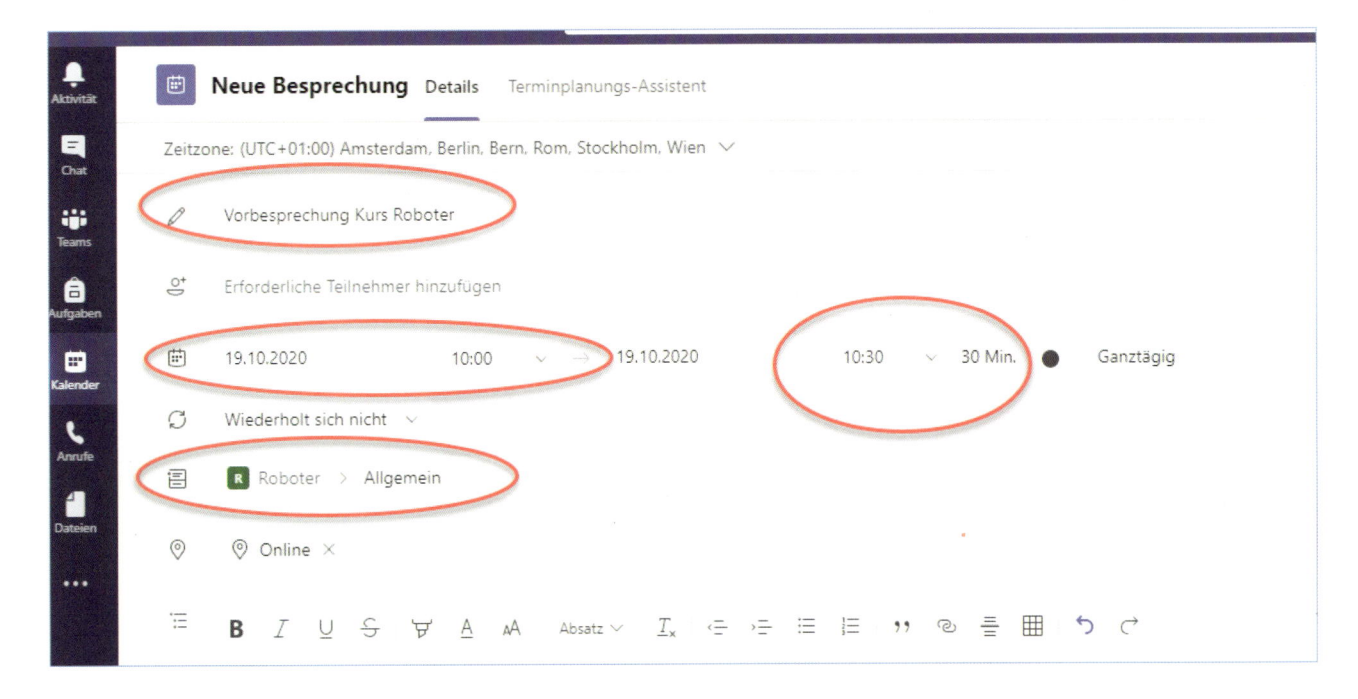

Wenn man den Termin im Kalender anklickt, kann man an der Videokonferenz teilnehmen.

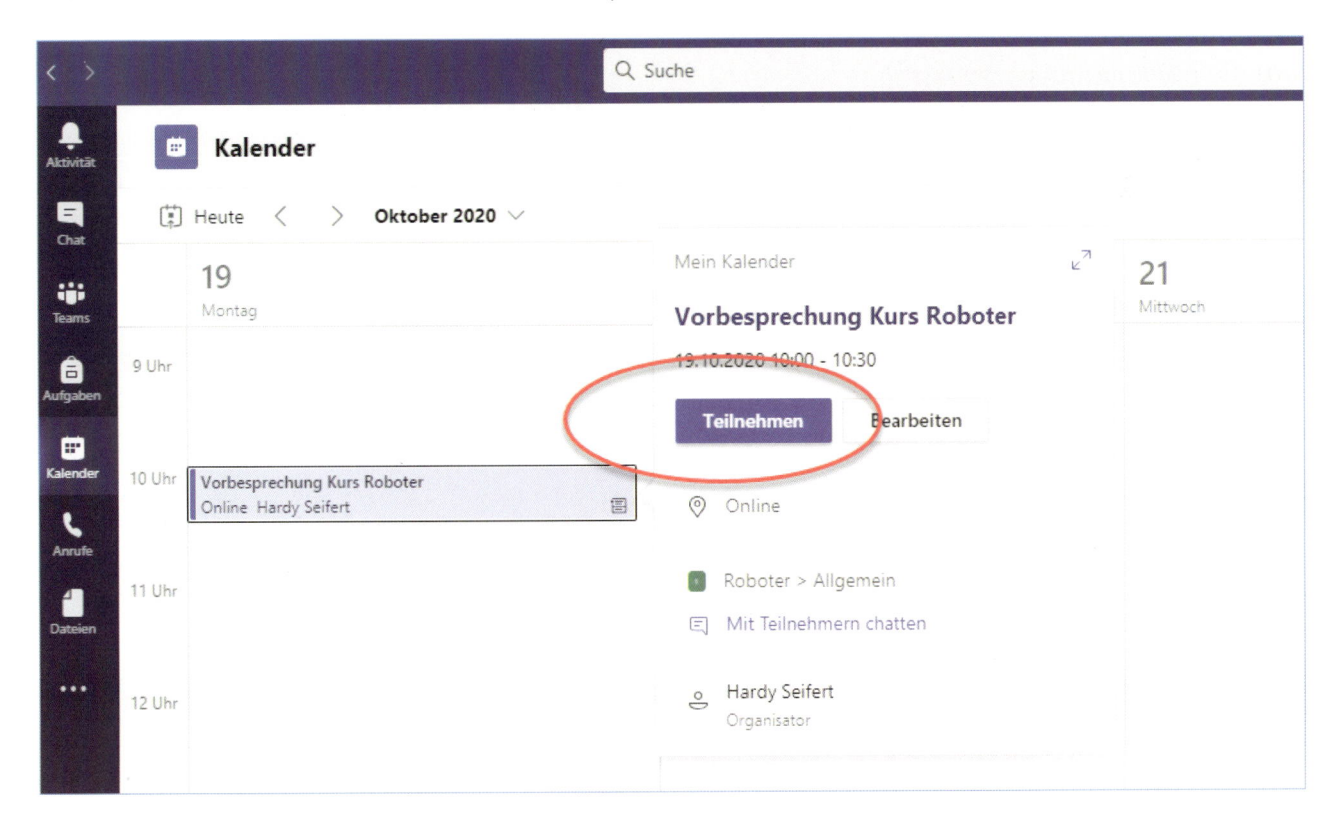

Beispiel: Microsoft Teams

Aufgaben

Innerhalb des Teamfensters kann im Tab **Aufgaben** entweder eine Aufgabe oder ein Quiz erstellt werden.

In der Maske für die Aufgabe kann ein **Titel** und eine genaue **Anweisung** für die Aufgabe eingegeben werden.

Zudem bietet MS Teams mit der Option **Punkte** oder mit einer selbst gestalteten **Rubrik** die Möglichkeit, die Aufgabe zu bewerten.

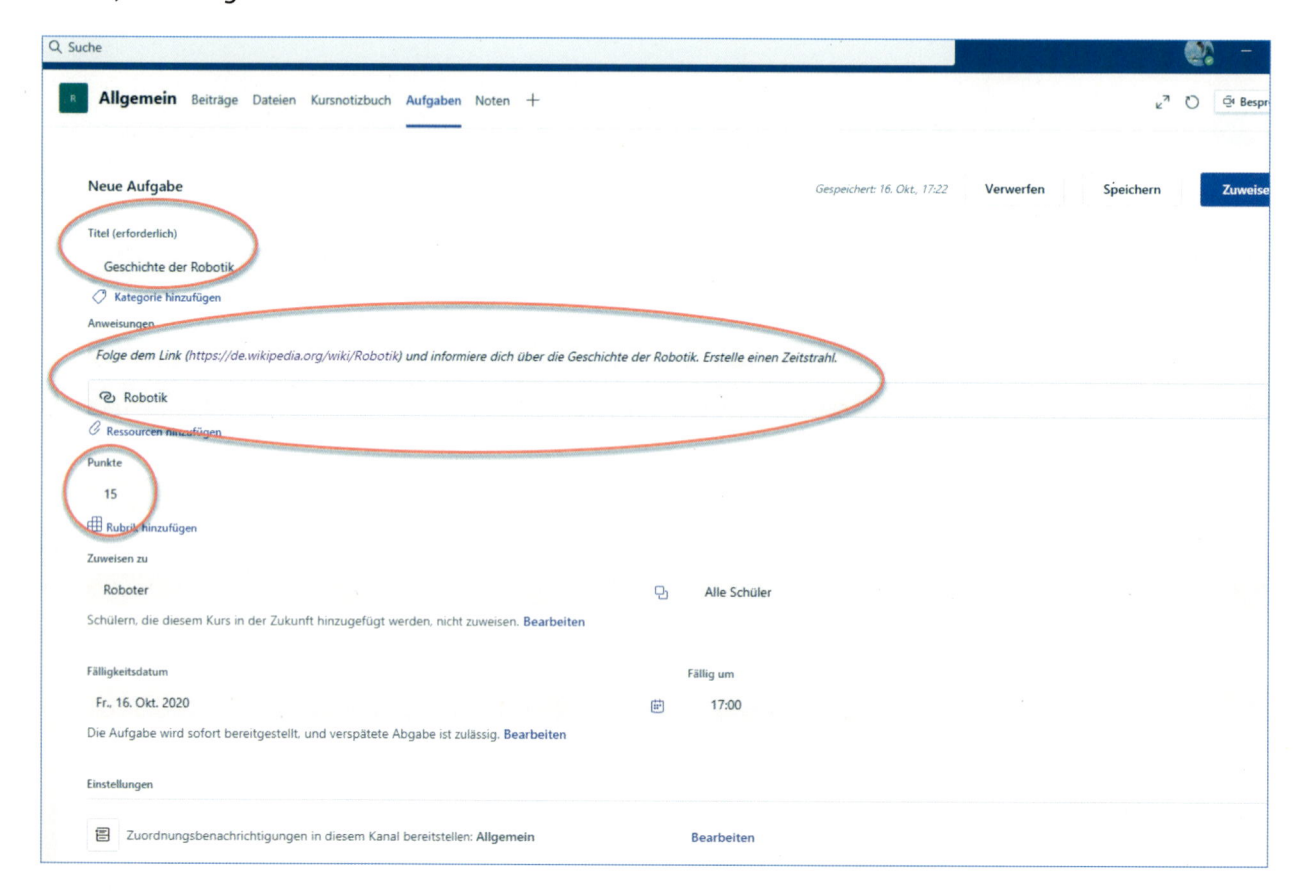

Beispiel: Microsoft Teams

Für erstellte Aufgaben kann die Lehrkraft sich schnell eine Übersicht verschaffen, welche Kinder bereits die Aufgaben eingereicht haben. An dieser Stelle ist es auch möglich, die Aufgaben zu bewerten und den Lernenden ein Feedback zu geben.

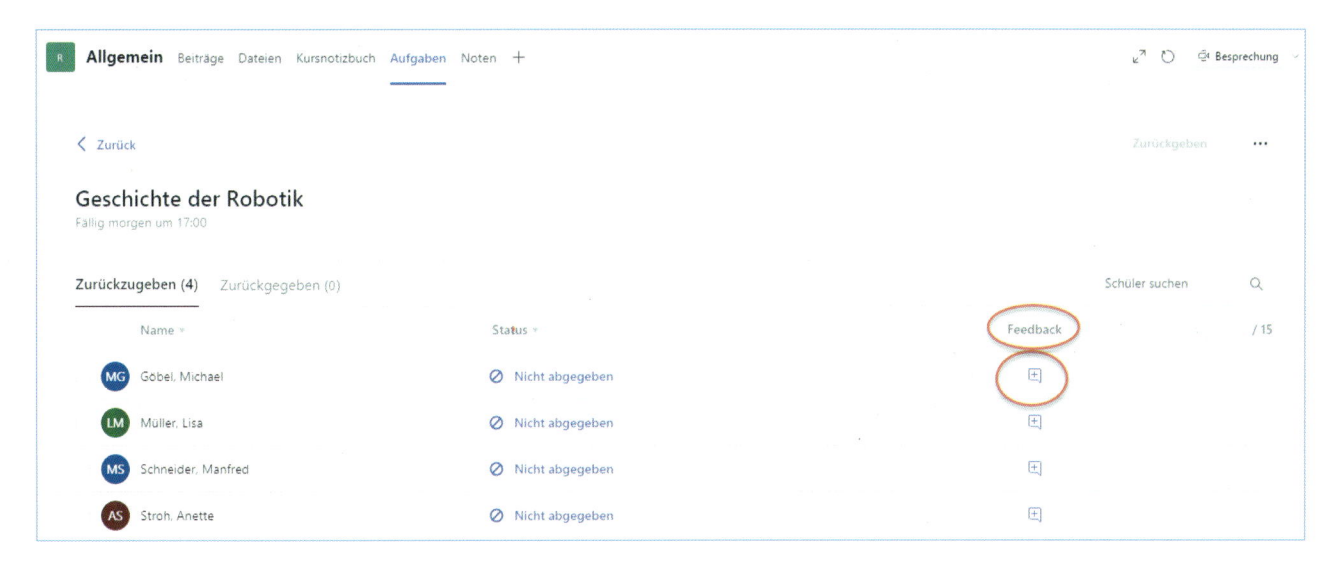

Auf der Seite des Teams wird automatisch für alle Kursmitglieder im Kanal „Allgemein" sowohl die geplante Videokonferenz („Vorbesprechung Kurs Roboter") als auch die zu bearbeitende Aufgabe („Geschichte der Robotik") angezeigt.

Literatur und Links

MS Teams bietet noch eine Fülle weiterer Funktionen. Informationen dazu sowie zum Einsatz von MS Teams in der Schule findet man unter den nachfolgenden Links:

- Informationen rund um MS Teams von Microsoft: https://www.microsoft.com/de-de/microsoft-365/microsoft-teams/group-chat-software
- Ausführliche Informationen zu MS Teams im Youtube-Kanal von Kurt Söser: https://www.youtube.com/kurtsoeser
- Ausführliche Informationen zu MS Teams im Youtube-Kanal von Martin Türck: https://www.youtube.com/watch?v=yujrl99gNkY
- In diesem Blog von Marco Jakob wird die Umsetzung an einer Schule beschrieben: https://www.marcojakob.blog/anleitung-microsoft-teams-schule/

Bildnachweise

Beziehungsarbeit im Distanzunterricht – *Marco Bettner*

Kapitelbild:	© Robert Kneschke – Fotolia.com
Kopfzeile:	© Fiedels / stock.adobe.com
S. 8:	Smiley: © Serj Siz'kov – Fotolia.com
S. 9:	Fragezeichen: Corina Beurenmeister, Yoga-Positionen: © Yana Alisovna – stock.adobe.com
S. 10:	Illustration warme Dusche: Julia Flasche
S. 11:	Mädchen schaut einen Film: © C. Anton – stock.adobe.com, Sprung: © PThira89 – stock.adobe.com Band: © DavideAngelini – shutterstock.com
S. 13:	Screenshots: Marco Bettner
S. 14:	Escape-Room: © Jérôme Rommé – stock.adobe.com
S. 15:	Homeschooling: © Jenko Ataman – stock.adobe.com
S. 16:	Stoppuhr: Mele Brink, Emoticons: Wibke Brandes, Lupe: Katharina Reichert-Scarborough, Pfeil: Corina Beurenmeister

Urheberrecht – *Hardy Seifert*

Kapitelbild:	© sonne Fleckl – Fotolia.com
Kopfzeile:	gemeinfrei / www.pixabay.com – IO-Images
S. 18:	Copyright: © Rawpixel – Fotolia.com
S. 19:	Tiger-Sittich: gemeinfrei / www.pixabay.com – Sarah Richter
S. 20:	Stapel: gemeinfrei / www.pixabay.com – Piotr Wytrążek
S. 22:	Achtung-Ausrufezeichen: Corina Beurenmeister Selfie: gemeinfrei / www.pixabay.com – Pexels
S. 23:	Internet: gemeinfrei / www.pixabay.com – Gerd Altmann

Meine Daten und sichere Passwörter – *Marco Bettner*

Kapitelbild:	gemeinfrei / www.pixabay.com – Mahesh Patel
Kopfzeile:	gemeinfrei / www.pixabay.com – mohamed Hassan
S. 26:	Mail: gemeinfrei / www.pixabay.com – Gerd Altmann; Schlösser: gemeinfrei / www.pixabay.com – Darwin Laganzon
S. 27:	Chiffrierscheibe: Satzpunkt Ursula Ewert GmbH
S. 28:	WhatsApp: gemeinfrei / www.pixabay.com – Alfredo Rivera
S. 29:	Weltkugel-Fotos: gemeinfrei / www.pixabay.com – Gerd Altmann
S. 30:	verschlüsselter Text: © blende11.photo / stock.adobe.com

Einsatz von kostenfreien Lern-Apps – *Alina Düringer*

Kapitelbild:	© Robert Kneschke – stock.adobe.com
Kopfzeile:	© alekseyvanin – stock.adobe.com
S. 33–39:	Screenshots: Alina Düringer

Bildnachweise

Die WebQuest-Methode – *Jörn E. von Specht*

Kapitelbild:	gemeinfrei / www.pixabay.com – Gerd Altmann
Kopfzeile:	gemeinfrei / www.pixabay.com – Katarzyna Tyl
S. 42:	Tablet: Fotolia.com © Oleksiy Mark
S. 43:	Ipad: gemeinfrei / www.pixabay.com – fancycrave1
S. 44:	Lupe: Fotolia.com © senoldo
S. 48–49:	Abbildungen im Beispiel-WebQuest: Jörn E. von Specht

YouTube® im Unterricht – *Axel Düringer*

Kapitelbild:	gemeinfrei / www.pixabay.com – Gerd Altmann
Kopfzeile:	gemeinfrei / www.pixabay.com – slightly_different
S. 55:	YouTuberin: © Kaspars Grinvalds – stock.adobe.com
S. 56:	Schülerin vor PC: gemeinfrei / www.pixabay.com – Jan Vašek
S. 57:	Handy: gemeinfrei / www.pixabay.com – StockSnap; PC: gemeinfrei / www.pixabay.com – 200 Degrees
S. 58:	Lupe: gemeinfrei / www.pixabay.com – Michał Nowa Meldung: © Robert Kneschke – Fotolia.com
S. 59:	Tablet: © Andrey_Popov – shutterstock.com
S. 60:	Experiment: © Viacheslav Iakobchuk – stock.adobe.com
S. 63–67:	Screenshots: Axel Düringer
S. 68:	Youtube: gemeinfrei / www.pixabay.com – Mizter_X94; YouTube Kids: gemeinfrei – By YouTube – https://www.youtube.com/kids/, Public Domain, https://commons.wikimedia.org/w/index.php?curid=81152983

Erklärvideos im Unterricht – *Hardy Seifert*

Kapitelbild:	© 1001color – stock.adobe.com
Kopfzeile:	gemeinfrei / www.pixabay.com – Memed_Nurrohmad
S. 71:	Youtube: gemeinfrei / www.pixabay.com – Gerd Altmann; Apps: gemeinfrei / www.pixabay.com – Peggy und Marco Lachmann-Anke
S. 72:	Präsentation: gemeinfrei / www.pixabay.com – 200 Degrees
S. 73, 75–77:	Screenshots: Hardy Seifert
S. 78:	Mund: Julia Flasche

Grundschulkinder erstellen eigene Erklärvideos – *Silke Petersen*

Kapitelbild:	© drubig-photo / stock.adobe.com
Kopfzeile:	gemeinfrei / www.pixabay.com – Memed_Nurrohmad
S. 82–86:	Screenshots: Silke Petersen

Interaktive Übungen erstellen – *Jörn E. von Specht*

Kapitelbild:	© goodluz – stock.adobe.com
Kopfzeile:	gemeinfrei / www.pixabay.com – ruoaa mag
S. 88:	Kopf: gemeinfrei / www.pixabay.com – Gerd Altmann
S. 89:	Medien: gemeinfrei / www.pixabay.com – Manfred Steger
S. 90–98:	Screenshots: Jörn E. von Specht
S. 100:	Ziel: Julia Flasche
S. 101:	Buch: gemeinfrei / www.pixabay.com – Mediamodifier

Bildnachweise

Arbeiten mit kollaborativen Webtools – *Markus Betschelt*

Kapitelbild:	gemeinfrei / www.pixabay.com – Gerd Altmann
Kopfzeile:	© sabri deniz kizil – Fotolia.com
S. 103:	Schülerin vor Pinnwand: gemeinfrei / www.pixabay.com – Gerd Altmann
S. 106, 108–109, 112–113:	Screenshots: Markus Betschelt
S. 107:	Glühlampen: Trantow Atelier
S. 108–109:	Handy (ohne Bildinhalt): gemeinfrei / www.pixabay.com – er91ik
S. 110:	Checkliste: Kristina Klotz

Videokonferenzen – *Hardy Seifert*

Kapitelbild:	© Tetiana Soares – stock.adobe.com
Kopfzeile:	gemeinfrei / www.pixabay.com – mmi9
S. 117:	Frau mit Laptop: © contrastwerkstatt – Fotolia.com
S. 118:	Checkliste: Julia Flasche
S. 119:	Regeln: Falko Honnen

Interaktive Lernplattformen am Beispiel von Teams – *Hardy Seifert*

Kapitelbild:	gemeinfrei / www.pixabay.com – Jagrit Parajuli
Kopfzeile:	gemeinfrei / www.pixabay.com – janjf93
S. 123:	Checkliste: Anke Fröhlich
S. 124:	Datenschutz: gemeinfrei / www.pixabay.com – Pixaline
S. 125–133:	Screenshots: Hardy Seifert
S. 134:	Lupe: © senoldo – Fotolia.com

Alle Unterrichtsmaterialien
der Verlage Auer, AOL-Verlag und PERSEN

» **jederzeit online verfügbar**

lehrerbuero.de
Jetzt kostenlos testen!

Und das Beste:
Schon ab zwei Kollegen können Sie von der günstigen **Schulmitgliedschaft** profitieren!

Infos unter:
lehrerbuero.de

» **lehrerbüro**

Das **Online-Portal** für Unterricht und Schulalltag!